Besser Reisen

Französische Atlantikküste/ Aquitanien

Von Norbert Lewandowski

MERIAN-Redaktion, Hamburg
Lektorat: Cornelia Franz
Bildredaktion: Andrea Sach
Kartenredaktion: Karin Szpott

CIP-Titelaufnahme der Deutschen Bibliothek

Lewandowski, Norbert:
Französische Atlantikküste/Aquitanien von Norbert Lewandowski.
— 1. Aufl. — Hamburg: Hoffmann u. Campe, 1990
(Merian: Besser reisen; 39)
ISBN 3-455-10039-2
NE: Merian/Besser reisen

1. Auflage 1990
Copyright © 1990 by Hoffmann und Campe Verlag, Hamburg
Umschlaggestaltung: Rambow, Rambow, van de Sand, Frankfurt
Umschlagfoto: iFA-Bilderteam/Everts
Karten: Kartographie Huber, München
Satz: Utesch Satztechnik GmbH, Hamburg
Lithographie: Buss & Gatermann, Hamburg
Druck und Bindung: Mainpresse Richterdruck, Würzburg
Printed in Germany

Fotos: C. Bork 17, 28, 37, 57, 60, 75; K. D. Francke 7, 13, 70;
N. Lewandowski 20, 26, 36, 40, 44, 79, 83, 91; MERIAN 33, 66, 67, 84, 86;
W. Stuhler 49
Titelmotiv: Atlantikküste in Biarritz

Inhalt

Zu Gast in Aquitanien	5
Top Ten von Merian	9
Aquitanien-Lexikon	11
Essen und Trinken	16
Hotels und andere Unterkünfte	25
Einkaufen	27
Feste und Festspiele	29
Sport und Strände	30
Routen und Touren	34

Mit dem Auto: Durch das Baskenland 35 · Durch das Bordelais 36
Mit dem Bus: Ausflug nach San Sebastian 37
Mit dem Fahrrad: In den Tälern von Dordogne und Vézère 43

Natur und Umwelt	45

Orte und Ziele in der Umgebung:
Arcachon 47 · Bayonne 52 · Biarritz 56 · Bordeaux 61 · Dax 69 · Pau 80 · Périgueux 80

Geschichte auf einen Blick	85
Info	87
Register	93

Unsere Qualitätszeichen sind

für besonders hervorzuhebende Objekte

für Plätze, wo sich vor allem junge Leute aufhalten
oder die man ihnen empfehlen kann

Abkürzungen

Aug.	August	Nov.	November
av.	Avenue	Okt.	Oktober
bd.	Boulevard	pl.	Place
c	centimes	Sa	Samstag
Dez.	Dezember	Sept.	September
Di	Dienstag	S.I.	Syndicate d'Initiative
Do	Donnerstag		(Tourismusbüro)
Feb.	Februar	SNCF	Société Nationale des
FF	französische Francs		Chemins de Fer Français
Fr	Freitag		(französische Eisenbahn)
geschl.	geschlossen	So	Sonntag
Jan.	Januar	St/Ste	Heiliger/Heilige
Mi	Mittwoch	Tel.	Telefon
Mo	Montag	tgl.	täglich

Preiskategorien

Restaurants
Die Preise gelten jeweils für ein Menü.
Luxuskategorie: ab 350 FF
1. Kategorie: ab 180 FF
2. Kategorie: ab 120 FF
3. Kategorie: ab 70 FF

Hotels
Die Preise beziehen sich auf ein Doppelzimmer ohne Frühstück.
Luxuskategorie: 700–1900 FF
1. Kategorie: 350–800 FF
2. Kategorie: 250–500 FF
3. Kategorie: 140–280 FF
4. Kategorie: 110–200 FF

Zu Gast in Aquitanien

Was ist Aquitanien? Wo ist Aquitanien? Ein versunkener Erdteil? Aquitanien ist das Land des Wassers. So benannten es die römischen Eroberer, als sie 56 v. Chr. über den südwestlichen Teil Galliens herfielen und nie mehr weichen wollten. Sie mußten – wie alle ihre Nachfolger. Und ließen doch ein gutes Stück ihrer Seele zurück. Nur die Aquitanier blieben. Für immer. Wie das Wasser.
Aquitanien – der Name hat Bestand. Aqua, das Wasser. Es schäumt und sprudelt in allen Ecken und Winkeln des Landes. Mal sanft, mal ungestüm, bisweilen mörderisch. Im Süden stürzt es hoch von den Pyrenäen herab. Wie einen Schwamm tränken die Ströme Adour, Garonne und Dordogne mit ihren Nebenflüssen die umliegenden Landschaften. Im Norden ergießt sich der breite Trichter der Gironde träge und gleichmütig in den Ozean. Und im Westen spült der Riese Atlantik seit Millionen von Jahren seine unerschöpfliche Sandlast gegen die pfeilgeraden Küsten. Manchmal spürt man seine Wut bis weit ins Landesinnere, wenn die unfaßbare Kraft des Meeres die Flußtäler hinaufschlägt und die Menschen wieder heimlich die uralten Götter beschwören.
Wasser, Anfang und Ende des Lebens. Der Vater der Schöpfung. In Aquitanien war und ist er besonders fruchtbar und lustvoll. In den Ebenen und Tälern, über Hügel und Berge flirrt das durchsichtige Licht des Südens. Schaut nicht zu tief hinein, sonst werdet ihr süchtig!
An den Dünen des Ozeanstrandes schmort eine subtropische Sonne Körper, Gemüt und Gelüst. Dagegen soll Sonnenöl helfen?
In den Gassen und Cafés der Städte überschlagen sich die Flirts mit allem Neuen und Alten. Die Märkte sind Dekorationen, bacchantische Gemälde von überschäumender Sinnenlust. Glitzernde Berge von Austern und Meeresgetier aus Arcachon, kostbare Trüffeln – das schwarze Gold aus dem Périgord; gutgestopfte Enten und Gänse aus den kleinen Weilern des Dordognetals; Federwild, aufgescheucht in den Kiefernwäldern des Landes; duftender Armagnac aus der fröhlichen Gascogne. Aquitanien, dieses ungestüme Aphrodisiakum, hat den Bordelaisen einen Wein geschenkt, der weich stimmt, dankbar macht und vielleicht sogar ein bißchen weise.
Treten Sie nur raus aus dem überfließenden Licht des Südens, hinein in die kühle Dämmerung der gotischen Säulen, die altersschwere Kathedralen aufrecht halten. Spüren Sie auch die himmelhohe Distanz zu den irdischen Göttern da draußen?
Unweit dieser respekteinflößenden Begegnungen mit der mittelalterlichen Kultur (und Barbarei) des Christentums pulst im Tal der Dordogne eine uralte Lebenslust. Sie hat in den Höhlen der Stein-

zeitmenschen überlebt. Einer feindseligen Natur zum Trotz haben frühzeitliche Maler und Bildhauer sehnsüchtig ihre Ansicht von der Welt nachgestaltet: Jagdabenteuer, Tanzszenen, feingliedrige Darstellung von lebensbedrohenden Tieren. Auch kleine Steinplastiken, rührende Symbole der Liebe: Frauengestalten, anmutige und rätselhafte Weiblichkeit, lockend wie die Venus, die Botticelli ein paar 10 000 Jahre später malen sollte.

Ein heiteres Land also, mit hübschen, dunkelhaarigen Frauen, braungebrannten Männern, mit dem kulinarischen Überfluß des Südens, den edelsten Weinlagern der Welt, dem schneebedeckten Gebirgsdom der Pyrenäen. Mit den Goldstränden für die Jeunesse dorée und der Einsamkeit eines Aalfischers an einem der zahlreichen Binnenseen. Trotz der Raketenbasen an der Küste und den Geschwadern der Atombomber von Cazaux. Trotz einer langen, bluttriefenden Geschichte und einer wirtschaftlichen Zukunft, die nicht sorgenfrei ist. Der französische Journalist, Schriftsteller und Verleger Henri Amouroux beschreibt seine Heimat so: »Aquitanien ergäbe, würde man es von Frankreich trennen, mit der Vielfalt seiner Menschen, Landschaften und Möglichkeiten eine perfekte Kurzfassung von Frankreich.«

Aquitanien, ein homogenes Land? Nein, ein historisches Gebilde, eine Weltanschauung, die vom prallen Sinn des Lebens kündet, aber keine geschlossene Region. Doch eines eint den Bergbauern auf den fruchtbaren Höhen der Pyrenäen mit dem Fischer am Atlantik und dem Winzer in der endlosen Ebene des Bordelais: die Baskenmütze, »der Kuchen für den Kopf«. Und vielleicht die heitere Gelassenheit des Südens.

Aquitanien, ungefähr so groß (oder so klein) wie die Schweiz, hat seine vier Millionen Einwohner auf fünf Départements verteilt: Dordogne, Gironde, Landes, Lot-et-Garonne und Pyrénées-Atlantiques. Nach Landschaften könnten wir es etwa so gliedern: die Weingegend des Bordelais, das Périgord, die Côte d'Argent, die französischen Pyrenäen, das Baskenland, das Béarn und die Gascogne.

Kein einheitlicher Raum also, mehr ein Grenzland zwischen Nord und Süd, von der Geschichte arg gebeutelt. Aufmarschgebiet römischer, arabischer, gotischer, fränkischer, normannischer und englischer Heere. Zuletzt besetzt von den Hunnen des zwanzigsten Jahrhunderts – den unerbittlichen Truppen Hitlers. Auch ihre Spuren sind unübersehbar. Die gesamte Atlantikküste bepflanzten sie mit ihren gewalttätigen Artilleriebunkern, die allmählich erst gnädige Naturmächte wie Wind und Wetter ins Meer kippten. Dort liegen

Aquitanien, Land des Wassers, nannten schon die Römer die Gegend am Atlantik

sie jetzt wie schroffe, schwarze Felsen halb in der Brandung des Ozeans, und Liebespaare suchen Schutz in ihrem Schatten.

Aquitanien, das vermeintliche Paradies, mußte den uralten Preis aller Paradiese entrichten: Stets war es umkämpft. Jeder Mächtige und Machthungrige wollte es besitzen und sich an seinen Schätzen gütlich tun.

Das wollen wir auch – ohne jeden Machtanspruch. Wir kommen nicht wie Diebe, sondern als Gäste, geladen an die Tafeln der Lebenslust. Laßt uns Aquitanien erleben, die Schätze und Geheimnisse der alten Städte Bordeaux, Bayonne, Pau oder Périgueux respektvoll bewundern. Laßt uns in den Sanddünen am Atlantik herumtollen und die stillen Sonnenuntergänge über den Dordogne-Schlössern genießen. Wir werden die Betonburgen der Küste meiden, an denen wir uns schon zu sehr in Torremolinos verletzt haben. Wir werden auch nicht über die Schießlust des aquitanischen Jägers keifen, der auf alles anlegt, was kreucht und fleugt. Wir werden nur verständnislos den Kopf schütteln. Vielleicht. Und wir werden keinesfalls vor den opulenten Tischen unserer Gastgeber kapitulieren. Nein, das werden wir nicht.

Die beste Reisezeit ist der frühe Herbst, wenn das Saisonende die Touristenströme wieder zu ihren Quellen zurückgeschwemmt hat. Das Land entspannt sich wie nach einer harten Tagesarbeit, und ein letztes Aufglühen des schwindenden Sommers verwandelt Aquitanien in einen Garten Eden. Die Ernte wird eingefahren. Die hohe Zeit für überschwengliche Feste der Dankbarkeit und des fröhlichen Resümees: Es war ein gutes Jahr.

Oder wir nehmen den Übergang vom Frühling zum Frühsommer mit. Wenn in Deutschland zwar schon fast alles blüht, in Aquitanien aber das meiste reift. Die Tage sind länger, die Abende heller, und auf dem Land lastet noch nicht die Hitze des Hochsommers. Da kann es durchaus passieren, daß sich der Himmel von einer Viertelstunde auf die andere verfinstert und dann über eine Woche hinweg erbarmungslos seine Schleusen öffnet. Der Himmel stürzt auf unsere Köpfe nieder – das alte Trauma der gallischen Ahnen. »Der Teufel schlägt seine Frau«, sagt ein Sprichwort aus Bordeaux. In solchen Tagen sind die Weinlager von einigen tausend Châteaux das einzige vernünftige Exil. Bis die Sonne wieder durchbricht. Doch das kann dauern.

Was soll's: Wasser ist das Leben Aquitaniens – und der Wein ist sein Elixier.

Top Ten von Merian

Zehn Höhepunkte Aquitaniens, die sich kein Besucher entgehen lassen sollte.

1. Die Düne von Pilat
Die mächtigste Düne Europas, 114 Meter hoch, über vier Kilometer lang, feinster weißgelber Sand. Der Aufstieg ist beschwerlich, aber er lohnt sich: Der Blick über die Küste und den Atlantik ist unvergeßlich, besonders bei Sonnenuntergang (S. 50).

2. Pont de Pierre in Bordeaux
Man muß sich die Stadt von der alten Stein- und Ziegelbrücke aus zu Fuß erschließen. Vor uns liegt die Pont de Pierre, unter uns das breite Band der Garonne, und auf der anderen Seite die Silhouette des alten Bordeaux mit der prächtigen Fassade der Börse sowie den Türmen von Saint-Michel und der Kathedrale. Weiter rechts ragt die Girondistensäule in die Höhe: ein einmaliges Panorama (S. 61).

3. Der Markt von Bergerac
Ein bacchantisches Erlebnis, in den Monaten der warmen Jahreszeit ein Muß. Überladene Stände mit allen Produkten Aquitaniens: Fleisch, Geflügel, Fisch, Wein, Früchte, Gemüse, Nüsse, Honig, Kräuter – und, und, und. Ein paradiesischer Rundgang für Genießer, jeden Samstag rund um die Pfarrkirche Notre-Dame (S. 83).

4. Saint-Emilion
Die Stadt des königlichen Weins: erlesener Bordeaux aus besten Lagen. Ein wunderschöner Ort mit altem Gemäuer und vielen kleinen Weinhandlungen. Probieren, träumen, kaufen. Ein Städtchen für Hochstimmungen. Im Juni und September lädt Saint-Emilion ein zum feierlichen Umzug der Weinbruderschaft Jurade (S. 12, 68).

5. Die Strände von Biarritz und Saint-Jean-de-Luz
Keine einsamen und verträumten Orte, sondern Treffpunkte überschäumenden Lebens an der Atlantikküste. Die Strände der Jeunesse dorée. Hier will man sehen und gesehen werden (S. 56, 58).

6. Die Austern von Arcachon
Für Kenner ein Gedicht. Frischer gibt es sie nirgendwo. Die Austernfischer öffnen Ihnen die Muscheln, ein paar Spritzer Zitrone, ein Schluck Entre-Deux-Mers – so muß es sein (S. 48).

7. Tour d'horizon durch die Berge
Die Fahrt durch die französischen Pyrenäen bis ins Béarn nach Pau führt durch eine atemberaubende Landschaft mit flach gedeckten Häusern im Schweizer Stil. Von manchen Gipfeln des Baskenlandes kann man bis zur Atlantikküste blicken. Höhepunkt des Besuchs in Pau, der Stadt Heinrichs IV.: der Blick vom Boulevard des Pyrenées auf das Bergpanorama – eine der großartigsten Aussichten in ganz Frankreich (S. 35, 76).

8. Dordognetal und Sarlat
Man sollte sich Zeit lassen auf dieser malerischen Strecke, vorbei an den Höhlen der Steinzeitmenschen und an den Schlössern der Dordogne, vorbei an uralter französischer Geschichte. Dann nach Sarlat-la-Canéda, in die Hauptstadt des Périgord noir, wo die besten Trüffel der Welt wachsen. Sarlat, das Renaissancestädtchen ist eine Reise wert (S. 43).

9. Les-Prês-d'Eugénie
Leider nur ein Tip für Leute, die es sich leisten können. Eines der besten Restaurants der Welt und sicher auch eines der teuersten. Im Ambiente der Belle Epoque in Eugénie-les-Bains tischt Maître Michel Guérard auf – ein Erlebnis, selbstverständlich mit drei Michelin-Sternen garniert. Am besten jetzt schon anfangen zu sparen – und zu reservieren (S. 78).

10. Die Gascogne und der Armagnac
Auf in die Provinz der liebenswürdigen Aufschneider und Lügenbolde, der robusten Gourmets und Gourmands, ins Stammland des edlen d'Artangnan und des duftenden, nicht minder edlen Armagnac. Nach würziger Gebirgsluft und kräftiger Meeresbrise schmeckt der klassische Weinbrand Aquitaniens – würdiger Vertreter des Landes zwischen Pyrenäen und Atlantik (S. 22, 72).

Aquitanien-Lexikon

Austern aus Aquitanien – von wo denn sonst? Die Muschelbänke von Arcachon und Marennes zählen zu den besten der Welt. Schon die alten Römer schlürften wilde Austern mit dem größten Behagen. Doch erst im neunzehnten Jahrhundert begannen Fischer im Bassin d'Arcachon mit der systematischen Zucht. Bis vor zwölf Jahren bevorzugten die Gourmets die Sorte Portugaise. Nach einer verheerenden Virus-Epidemie wurden japanische Austern gezüchtet, sie sind wesentlich widerstandsfähiger und auch etwas größer. Wie schmecken sie am besten? Ganz frisch auf Eis oder Tang, mit ein paar Tropfen Zitrone, etwas Pfeffer oder mit einer würzigen Vinaigrette. Dazu ein brunnenkühler Entre-deux-Mers. Bon appétit!

Béret basque – die Baskenmütze ist die typische und geradezu unverzichtbare Kopfbedeckung. Man nimmt sie nur in der Kirche und im Bett ab – obwohl letzteres nicht hundertprozentig bestätigt werden kann. Die Baskenmütze schützt vor Regen, Hitze und davor, so ein altes Sprichwort, »daß dem Aquitanier eines Tages der Himmel auf den blanken Kopf fallen könnte«.

Crassus, ruhmreicher Feldherr des Cäsar, eroberte 56 v. Chr. den Südwesten Galliens. Aus jener Zeit stammt der Name Aquitania, die Wasser-Provinz.

Dünen, so weit das Auge reicht. Davon die schönste und größte Europas bei Pyla (Arcachon). Vier Kilometer lang und 114 Meter hoch. Wenn man diesen Berg aus feinstem weißen Sand erklommen hat, erblickt man längs der Brandung des Ozeans ein Dünengebirge bis zum Horizont. Über 150 Kilometer reichen die Sandhügel weit bis zur Côte basque.

Espadrilles sind die ideale Ergänzung zur Baskenmütze: leichte Schuhe aus Leinen und Bastsohlen. Auch eine Erfindung der Basken, die inzwischen an jedem Urlauberstrand in Europa zu finden ist. Sie kosten nur einige Francs, und man wirft sie nach ein paar Wochen einfach weg.

Fischen ist eine der großen Leidenschaften des Aquitaniers. Er lebt ja auch in einem Anglerparadies. Im Ozean und im Brackwasser der Gironde schwimmen die unterschiedlichsten Meerestiere. In den zahlreichen Flüssen und Seen tummeln sich alle möglichen Arten von Süßwasserfischen. Sogar der Lachs steigt noch zum Laichen die Flußläufe hinauf.

Guyenne hieß Aquitanien über drei Jahrhunderte lang, während der englischen Epoche des Landes. Eléonore von Aquitanien (1122–1204) heiratete 1152 den Herzog der Normandie, Henri de Plantagenet, der zwei Jahre später zum König von England gekrönt wurde. Durch diese Heirat wurden die englischen Grenzen von Schottland bis an die Pyrenäen ausgedehnt. Erst nach dem hundertjährigen Krieg (1339–1453) zwischen England und Frankreich wurde Guyenne wieder zum französischen Aquitanien.

Hölderlin, der deutsche Dichter, lebte 1802 für ein halbes Jahr in Bordeaux. Seine Liebe zu dieser Stadt findet sich in dem Gedicht »Andenken« wieder: »Im Hofe aber der Feigenbaum wachset/An Feiertagen gehn/Die braunen Frauen daselbst/Auf seidenen Boden/ Zur Märzenzeit/Wenn gleich ist Nacht und Tag/Und über langsamen Stegen/Von goldenen Träumen schwer/Einwiegende Lüfte ziehen.«

Industriell wurde Aquitanien erst nach 1945 erschlossen. Bis dahin beruhte der Wohlstand der Region auf der Landwirtschaft. Vor allem die Produkte des Bordelais hatten Winzer wie Händler seit Jahrhunderten zu reichen Leuten gemacht. Heute existieren in Aquitanien rund viertausend Industriebetriebe. Obwohl bei Lacq die größten Erdgasvorkommen Frankreichs erschlossen wurden, sich zwischen Pau und Orthez chemische Industrie ansiedelte und bei Bordeaux Flugzeugtechnik ansässig ist, hat das Land wirtschaftsstrukturelle Probleme. Es liegt am Westrand Europas und ist nur durch eine Autobahn mit der Hauptstadt verbunden.

Jurade heißt die berühmte wie gestrenge Weinbruderschaft von Saint-Emilion. Jedes Jahr im Juni ziehen die Herren durch das romantische Städtchen – farbenprächtig wie Kardinäle zu einem Konzil: in purpurroten Roben und mit krempenlosen Hüten, dazu weiße Handschuhe, Kragen und Schulterumhänge. Dann wird der Wein des Vorjahres verkostet und beurteilt. Mit Milde darf nicht gerechnet werden. Weniger gefürchtet wird der zweite Umzug der Hohenpriester des Rotweins. Am dritten Sonntag im September eröffnen sie in Saint-Emilion die Weinlese.

Kurschatten haben in Aquitanien eine lange Tradition. Bereits im Mittelalter bauten reiche Adlige ihre »Erholungs«-Schlösser an der Dordogne. Im letzten Jahrhundert kurten Könige und Fürsten und solche, die es sein wollten, im Atlantik-Reizklima von Biarritz. Eugénie, die reizende Gattin Napoleons, pflegte ihre Migräne und sonstige Unpäßlichkeiten mit Spaß und Spiel in einem nach ihr benannten Lust-Schlößchen, Eugénie-les-Bains, zu heilen. Auch

Aquitanien-Lexikon 13

Die Austern, die hier gezüchtet werden, zählen zu den besten der Welt

heute noch geht man in diesen ehrwürdigen Gemäuern äußerst lustvollen Betätigungen nach – doch davon später.

Lügner tragen in Aquitanien ihre Weltmeisterschaften aus. Und zwar in der Gascogne. Die Gascogner sind in ganz Frankreich für ihre »Phantasie« berühmt. Alexandre Dumas schuf in seinem Musketier-Roman die Figur des Maulhelden d'Artagnan, der freilich auch tatkräftig zuschlagen konnte. Ein typischer Gascogner. So waren sie, und so sind sie immer noch: fleißig, lustig, tapfer, trinkfest – und völlig unbescheiden.

M ist der große kulturelle Buchstabe Aquitaniens; er steht für Mauriac, Montesquieu, Montaigne. Um keinen besonders hervorzuheben, orientieren wir uns nach geschichtlichen Daten.
1533–92: Michel de Montaigne, ein humanistischer Philosoph, der von seinem Schloß im Périgord die Welt, die Menschen und sich selbst beobachtete und analysierte. Seine Vorfahren waren Bordelaiser Weinhändler. Fast zwanzig Jahre hat der zeitweilige Ratgeber von König Heinrich IV. an seinen fünfbändigen Essays geschrieben. Seine moral- und lebensphilosophischen Ausführungen nannte er selbstironisch »Phantastereien« und »verworrenes Geschwätz«.
1689–1755: Charles de Secondat, Baron de Montesquieu, ein Rechtsphilosoph und Aufklärer, der mit seinen Schriften das absolutistische Europa wachrüttelte und der Französischen Revolution den Weg bereitete. Montesquieu, ein gutaussehender, charmanter Adliger, schien wie geschaffen für eine Karriere als Beau in den Pariser Salons. Statt dessen wurde er mit 25 Jahren Ratsmitglied des Ge-

richtshofes von Bordeaux und mit 27 dessen Präsident. Er war Mitglied der Akademie der Wissenschaften, veröffentlichte Berichte über Nebennieren, über Ebbe und Flut, das Echo und die Schwerkraft – ein schreibender da Vinci. Mit 32 Jahren begann seine schriftstellerische und philosophische Lebensphase. Daneben beschäftigte er sich auf seinem Schloß Château La Brède bei Bordeaux mit Weinbau. In vino veritas.

1885–1970: François Mauriac. Der berühmte französische Schriftsteller war ebenfalls Großgrundbesitzer (Château Malagar, Bordelais). Als progressiver Katholik schilderte er das kaputte Milieu bürgerlicher Familien und die Not der »eingesperrten« Seele. Seine bekanntesten Romane: Das Geheimnis von Frontenac, Der Menschensohn, Der Aussätzige und die Heilige, Natterngezücht. Mauriac war außerdem einer der bedeutendsten Journalisten Frankreichs. 1952 wurde er mit dem Nobelpreis für Literatur ausgezeichnet.

Normannen kamen im neunten Jahrhundert über das Meer; sie plünderten und verwüsteten das Land. Die Drachenköpfe, die den Bug ihrer Boote zierten, gingen als Symbol böser Mächte in die romanische Kunst ein.

Olé heißt es während der Sommermonate auch in Aquitanien: Die Stiere sind los. Im Baskenland sowie im südlichen Teil der Provinz wird die Corrida gefeiert – Stierkampf à la française. In den meisten aller Fälle überlebt der Stier. Der Matador springt, falls er es schafft, behende über die Bande. Allerdings gibt es auch in Aquitanien die Corrida mit tragischem Ausgang. Der Stier verläßt die Arena tot, der Sieger heißt Mensch. So lieben es besonders die Basken. Die Kampfstiere werden in der Umgebung von Mont-de-Marsan gezüchtet.

Pyrenäen – das nach den Alpen zweithöchste Gebirge Europas begrenzt Aquitanien im Süden. Auf Gipfeln bis über 3000 Meter liegt auch im Sommer Schnee. Die Heimat der Basken bietet reiche Fauna und Flora, fruchtbare mediterrane Täler und ein nichtüberlaufenes Urlaubsgebiet. Die gefürchtetste Etappe der Tour de France führt durch die Pyrenäen auf schwindelerregenden Steigungen.

Quercy ist eine reizvolle Hügellandschaft zwischen dem Périgord und der Dordogne. Durch seine Täler schlängelt sich der Dordogne-Nebenfluß Lot, vorbei an idyllischen Schlössern. Hauptstadt des Quercy ist Cahors, eine mittelalterliche Kaufmannsstadt. Besonders sehenswürdig: die mächtige Kuppelkirche St. Etienne aus dem elften Jahrhundert, ein romanisch-gotischer Bau. Der Avignon-Papst Johannes XXII. kam aus Cahors.

Aquitanien-Lexikon 15

Reichtum verdeutlicht sich wohl am eindrucksvollsten bei den Schlössern der Weinpäpste im Médoc, besonders bei den drei Gütern derer von Rothschild. Anhalten, ansehen und dann weiterfahren. Diese Weine können sich Normalsterbliche nicht leisten. Nur Amerikaner. Und Japaner.

Schokolade, wie Sie in Deutschland noch keine gegessen haben, müssen Sie in Bayonne probieren. Es gibt sie in allen nur erdenklichen Farben und Mischungen – mit und ohne Früchte. Leider nicht als Mitbringsel geeignet, da zu hitzeempfindlich.

Tabak wird seit dem 16. Jahrhundert im Périgord und Lot-et-Garonne angebaut. Frankophile Zigarettenraucher schnalzen anerkennend bei dem Namen »Gauloise«. Die Zigarren heißen in Anlehnung an die Produkte aus Havanna »Picaduro«. Nur sind sie viel günstiger – die Davidoff des kleinen Mannes.

Urzumu heißt ein mehr hügeliger Berg in der Nähe von Campo-les-Bains, der jedoch einen einzigartigen Ausblick auf die Pyrenäenkette, die baskische Küste und auf Bayonne bietet.

Villa gallo-romaine – die gallisch-römischen Prachthäuser sind in Aquitanien noch relativ häufig zu sehen. Besonders schön in Valentine, einem kleinen Ort südwestlich von St. Gaudens. Nymfius, Roms aquitanischer Statthalter im vierten Jahrhundert, hat diese Prunkvilla mit Innenhof, Thermen und Bassin gebaut.

Wellen sind in der Atlantikbrandung besonders tückisch und gefährlich. Schon bei normalen Windverhältnissen können sie leicht drei Meter und höher werden. Nur sehr geübte Schwimmer sollten sich in die Brandung wagen. Wenn es aufbrist und ein kräftiger Westwind bläst, können die Wellen auf zehn Meter Höhe anwachsen.

Yquem ist der Name des Château, zu dem eines der berühmtesten Weingüter der Welt gehört. Es liegt südöstlich von Bordeaux. Hier wächst der einzige Premier grand cru classé des Sauternais. Potentielle Käufer sollten reichlich Francs oder Schecks einstecken. Die Preise von Château d'Yquem sind genauso berühmt wie seine Produkte.

Zeltfreunde finden in Frankreich ein Paradies vor. Das Land ist bestens erschlossen, nahezu jeder Urlaubsort hat seinen Campingplatz. Neuester Trend: camping à la ferme – Zelten auf dem Bauernhof.

Essen und Trinken

Es gibt keine einheitliche aquitanische Küche, dafür aber eine ausgezeichnete regionale Gastronomie, die wir in vier Bereiche einteilen sollten: Atlantik, Périgord/Gascogne, Bordelais und das Baskenland. Die Dichte von guten Restaurants ist selbst für französische Verhältnisse ungewöhnlich. Kenner behaupten gar, daß sich das beste Lokal der Welt in Aquitanien befindet (→ Eugénie-les-Bains). Man ißt natürlich in einem Dorfgasthaus preiswerter als in Sterne-Restaurants. Doch lassen Sie sich nicht von Billigstangeboten ködern. In sogenannten Touristik-Gaststätten, die ein Menü ab fünfzig Francs anbieten, ist die Qualität meist so schlecht, daß das Geld zum Fenster rausgeworfen ist. Auch in Dorfgasthöfen müssen Sie für ein einfaches Menü ab siebzig Francs rechnen. Wenn jedoch auf dem Parkplatz die Fahrzeuge einiger Einheimischer stehen (auf die Départementnummer achten), dann können Sie sicher sein: Hier kann man gut essen, ohne betrogen zu werden. Diese einfachen Lokale, im Périgord und in der Gascogne oft auch Bauernhöfe (fermes), bei denen die Hausherrin auftischt, haben natürlich keinen großartigen Service. Das besorgen oft genug die Kinder, während der Familienvater sich um die Getränke und den Keller kümmert. Man ißt das empfohlene Menü (oft gibt es keine Auswahl) und trinkt dazu den Wein der Region. Und am Schluß stimmt einfach alles: die Atmosphäre, die Speisen und der Preis. Ein Tip: Die Restaurants mit dem Schild »Les Toques Gasconnes« im Département Lot-et-Garonne sind empfehlenswert.

Die Essenszeiten in Aquitanien entsprechen denen in ganz Frankreich: Mittagstisch (déjeuner) von 12 bis 14 Uhr, Abendessen (dîner) von 19.30 bis 22 Uhr. In guten Restaurants sollten Sie vorher einen Tisch bestellen. Der Wirt kann dann besser kalkulieren. Das Frühstück (in Bars, Salons de Thé oder Bistros) ist für deutsche Verhältnisse sehr bescheiden: meist nur eine große Tasse Milchkaffee (café au lait oder grande crème) mit etwas Weißbrot, Butter, einem Croissant, Marmelade und vielleicht auch Honig.

Atlantikküste

Den besten Fisch können Sie in Frankreich am Atlantik essen – von der Bretagne bis zur spanischen Grenze. So auch an der aquitanischen Côte d'Argent, vor allem in Arcachon, Capbreton oder St-Jean-de-Luz. Der Atlantik deckt die Tafel üppig und vielseitig. Und wenn Sie angesichts der Fülle auf Ihrem Teller ratlos sind und nicht wissen, welche Sauce oder welche Mayonnaise wozu gehört, fragen Sie getrost den Service – man wird Ihnen ohne Arroganz weiterhelfen.

Die ganze Variationsbreite der Krustentiere steht für Sie bereit: Hummer, Langusten, Langustinen, Krabben, Garnelen, Crevetten. Ebenso Muscheln: Jacobsmuscheln, aber

Essen und Trinken

Frischer geht's nicht: Austern von den Muschelbänken an der Atlantikküste

auch Miesmuscheln und die Palourdes. Austern sind ein eigenes Kapitel. Die bekommen Sie nirgendwo in Europa so gut, so frisch wie in Marennes oder Arcachon. Man sollte je nach Zuchtart drei Qualitätsunterschiede festlegen: Huîtres de Parc sind frische Austern, meist vom Typ Gigas oder Japonaises, die von der Muschelbank im Flachwasser kommen. Die Huîtres fines de Claires haben dagegen in

Klärteichen durch eine besondere Algenart (Navicule bleue) ihre grüne Farbe und einen verfeinerten Geschmack bekommen. Die Huîtres spéciales de Claires sind die Spitzengewächse unter den Claire-Austern. Die Regel, man solle Muscheln (auch Austern) nur in Monaten essen, die mit einem R enden, gilt an der Küste nicht. Hier werden sie auch während der Sommermonate angeboten.

Die Palette der Fische reicht vom vornehmsten bis zum vermeintlich unscheinbarsten: Seewolf, Seezunge, Steinbutt, Seebarsch, Aalrutte, Goldbrasse, Thunfisch, Makrelen, Kabeljau, Sardinen. Aus den zahlreichen Flüssen und Binnenseen werden angeboten: Aal, Forelle, Lachs, Hecht und Barsch.

Nun gibt es an der aquitanischen Küste ein Standardgericht, um das man einfach nicht herumkommt: das Plateau de fruits de mer. Der Ober bringt einen Riesenberg von Austern, Miesmuscheln, Seeschnecken, Langustinen, Crevetten und Krabben.

Für eine Languste oder gar einen Hummer (kommt oft aus kanadischen oder kanarischen Gewässern) dürfen Sie ab 150 Francs pro Person rechnen. Am besten schmeckt er gegrillt oder einfach gekocht (au beurre blanc). Wenn Ihnen das zu teuer ist, werden Sie mit einem Teller frischer Langustinen bestens bedient sein. Dazu wird eine köstliche, selbstgeschlagene Mayonnaise mit Knoblauch gereicht.

Man sollte sich jedoch nicht die etwas kostspieligeren Fischgerichte am Atlantik entgehen lassen: zum Beispiel einen Turbot grillé (gegrillter Steinbutt), eine Sole meunière (gebratene Seezunge) oder einen Bar grillé au fenouil (mit Fenchel gegrillter Seewolf). Eine besondere Spezialität nur in guten Restaurants: Lamproie à la bordelaise – ein Neunauge (aalähnlicher Süß- und Brackwasserfisch) in Rotweinsauce.

Baskenland

Hier wird viel mit Tomaten und Knoblauch gekocht – ähnlich wie im benachbarten Spanien. Berühmt ist die Pipérade, eine Art Omelette mit Tomaten, Pfeffer und anderen Gewürzen. Daneben werden gern Lamm und Ziege serviert. Die Loukinkas sind kleine Knoblauchwürste. Und den Jambon de Bayonne muß man unbedingt probieren – Schinken aus Bayonne, würzig und delikat wie der aus Parma oder San Danielle.

Zwischen den Flüssen Adour und Gave de Pau gibt es zwei weitere Spezialitäten, die wir freilich den Naturfreunden nicht empfehlen können: Ortolan ist eine kleine Fettammer (Singvogel), die im Herbst geschossen wird. Für ein Gericht muß man gleich drei Tierchen bestellen. Oder die Palombe – eine Ringeltaube, die ebenfalls bei ihrem Winterrückzug in die wärmeren Gefilde Nordafrikas über Aquitanien erlegt wird.

Empfehlenswerter ist da die baskische Fischsuppe, die Ttoro. Der tomatenrote Fischsud ist angereichert mit Fischstücken, Muscheln oder auch Langustinen. Darüber werden Käse und geröstete Brotkrümel gestreut. Auf das Brot träufelt der Baske ein bißchen Mayonnaise und scharfe Sauce. Delikat – die Ttoro ist eben doch mehr als nur ein Vor- oder Zwischengericht.

Bordelais

Sehr schmackhaft ist die Bordelaiser Küche; man kocht mit Wein. Als Vorspeisen werden nahezu immer Fische oder Meeresfrüchte aus dem nur vierzig Kilometer entfernten Bassin d'Arcachon gereicht. Selten, sehr berühmt, aber auch entsprechend teuer: der Caviar Gironde – Kaviar vom Stör aus der Girondemündung. Ein typisches Gericht aus dem Bordelais ist das Entrecôte à la bordelaise – das berühmte Fleisch-

Essen und Trinken

gericht der Winzer: Das Steak wird über einem Feuer aus alten Rebstöcken gegrillt. Wichtige Zutaten sind Schalotten, Ochsenmark und Rotwein. Weitere Spezialitäten: Entenleber mit frischen Pilzen gefüllt, Taube in Rotwein, Lamm à la bordelaise.

Périgord/Gascogne

Die Inlandsküche ist bäuerlich geprägt, deftig, schwer und wird von den Früchten und Gemüsen der Saison ergänzt. Typisch ist ein Gericht aus der benachbarten Charente, das freilich auch an der Dordogne gern serviert wird: Huîtres à la charentaise: Austern mit gegrillten Würsten. Besonders beliebt ist jedoch Geflügel. Gans, Ente, Huhn – eingemacht als Confit oder frisch gebraten. Die Foie gras – frische Gänseleber – wird noch höher geschätzt als die aus dem Elsaß. Manche Gourmets lehnen diese Spezialität jedoch strikt ab, da den Tieren vor dem Schlachten qualvoll die Leber fettgemästet wird. So wählen Sie lieber das Poule au Pot, ein Freilaufhuhn, das mit Maiskörnern gefüttert und nun mit vielen Gemüsen im Topf gesotten wurde. Vorher wurde eine Carbute serviert – eine Gemüsesuppe mit vielen würzigen Kräutern. Zu ihr können auch Salmis gereicht werden – würzige Würste.

Wein in Aquitanien

Aquitanien ist das französische Weinland. Er gedeiht in allen Teilen des Landes. Beginnen wir im Süden mit dem kräftigen Wein der Basken, dem *Irouleguy*. An den Hängen der Pyrenäen wächst der würzige *Jurançon*, den der Franzose am liebsten »sec« (trocken) trinkt. Es folgen die *Vins de Béarn* zwischen dem Adour und dem Pyrenäenrand, dann die Weine der Gascogne wie *Côtes de St-Mont*. Im Westen reifen in der Landes weiße und rote *Tursans*, und im Bergerac ist im Dordognetal neben dem kräftigen Roten gleichen Namens auch der süße, verführerische *Monbazillac* (Schloßdomäne) zu Hause.

Doch kommen wir zum Hauptsächlichen, dem größten Weinbaugebiet Europas – und, neben Burgund, dem besten der Welt: Bordeaux. Auf 100 000 Hektar werden Reben gepflanzt, die je nach Jahresertrag zwischen 2,5 und vier Millionen Hektoliter Wein ergeben. Es ist auch das älteste Anbaugebiet Frankreichs. Schon der römische Schriftsteller Plinius lobte die Weine von Burdiglia (wie Bordeaux damals hieß). Und der römische Gelehrte Decimus Ausonius (310–393 n. Chr.) flippte in seiner Weinbegeisterung regelrecht aus: »Oh, Bordeaux, mein Heimatland, berühmt für seine Weine.«

Im Mittelalter wurden die Bordeauxweine zum bedeutendsten Wirtschaftsfaktor Aquitaniens. Der Weinhandel mit Europa und besonders mit England hat die Bürger von Bordeaux und die Winzer des Bordelais reich gemacht.

Die Bedingungen, unter denen diese Weine hier gedeihen, sind seit Jahrhunderten optimal: eine Durchschnittstemperatur von 19 Grad in den Monaten Juni bis September. Die beständigen Westwinde vom Ozean her lassen keine wesentlichen Schwankungen zu. Während der Weinblüte muß nicht mit Frost gerechnet werden. Die Reben bekommen im Idealmaß Niederschlag und Sonne. Auf den Böden des Bordelais (Sand, Kiesel, Lehm, Quarz) wachsen die Rebsorten (Cabernet, Merlot, Sauvignon, Petit Verdot) besonders gut. Die meisten Weine kommen aus den Châteaux, den Weingütern. Um uns die Größe des Gebietes zu verdeutlichen: Es gibt mindestens 3000 Châteaux innerhalb des Bordelais und – wenn man es nicht ganz genau nimmt – mindestens neun Anbaugebiete. »Im Bordelais«, schreibt der britische

Weinexperte Hugh Johnson, »gibt es keine zwei Weine, die gleich wären.«
Es ist also nicht leicht, einen Überblick zu bekommen, um wirklich seinen Wein kaufen zu können. Wir sollten uns zunächst an die erste Faustregel halten: »In einem guten Jahr kann kein Bordeauxwein schlecht sein.« Zweite Faustregel: »Die Produkte aus guten Châteaux sind Extraklasse. Dafür garantiert schon das Etikett.« Wie aber die besonderen Kellereien aus dieser Vielfalt finden?
Zunächst sollten wir uns um die einzelnen Anbaugebiete kümmern. Da haben wir nördlich von Bordeaux, direkt am Lauf der Gironde, das *Médoc* mit seinen berühmten Anbauorten: Margaux, Moulis, Listrac, St-Laurent, St-Julien, Pauillac, St-Estèphe.
Auf der anderen Seite der Gironde liegen die etwas weniger adligen Güter der *Côtes de Blaye* und *Côtes de Bourg*.
Südlich von Bordeaux, am linken Ufer der Garonne, liegt *Graves*. Am rechten Garonne-Ufer die *Premières Côtes de Bordeaux*. Dahinter, zwischen Garonne und Dordogne,

Auffahrt zum Mekka der Weinkenner, dem Château Margeaux im Médoc

Essen und Trinken

das berühmte Weißweingebiet *Entre-Deux-Mers*. Auf den steinigen Hügeln am rechten Ufer der Dordogne erheben sich östlich von Bordeaux die Gebiete von *St-Emilion* (Prädikat: König der Weine), *Pomerol* und *Côtes de Castillon*. Die Weine dieser Anbaugebiete unterscheiden sich alle voneinander: Mal sind sie kräftiger, mal weicher. Mal haben sie mehr Frucht, mal mehr Gerbsäure. Doch alle haben sie eine große Gemeinsamkeit: ihre samtige Eleganz.

Um die Verwirrung nun perfekt zu machen, werden die einzelnen Jahrgänge unabhängig vom Anbaugebiet zusätzlich klassifiziert. Zunächst sollten sie die Ursprungskontrolle »Appellation controlée« haben – der Wein muß aus einem einzigen Betrieb stammen. Die Preise für solche Gewächse beginnen bei durchschnittlich 20 Francs. Dabei handelt es sich dann meist um die Qualitätssorten »Cru paysan« oder »Cru artisan«.

Die nächste Stufe ist »Cru Bourgeois«. Es folgen »Cru Bourgeois Supérieur« und »Cru Bourgeois Exceptionnel«. Die letzte Qualitätsstufe sind die »Cru Classé«-Weine. Und selbst die werden noch in »Grand Crus Classés« von fünf Rängen unterteilt. Die vornehmste und teuerste: »1er Grand Cru Classé«. Wichtig: Selbst durchschnittliche Weine brauchen drei Jahre, um zu reifen. Mittleren und guten Qualitäten muß man mindestens fünf Jahre Zeit lassen. Und die Grands Crus Classés sollten mindestens zehn Jahre alt sein. Informationen erhalten Sie im:

Maison du Vin
Cours du 30-Juillet
33000 Bordeaux
Tel. 56 48 18 62

Ausgewählte Bordeaux-Weingüter
Médoc:
Calon-Ségur
St-Estèphe
Tel. 56 59 30 27

Cos d'Estournel
St-Estèphe
Tel. 56 44 11 37
Beychevelle
St-Julien
Tel. 56 59 23 00
Ducru-Beaucaillou
St-Julien
Tel. 56 59 05 20
Giscours
Labarde
Tel. 56 88 34 02
d'Issan
Cantenac
Tel. 56 88 70 72
Léoville-Las-Cases
St-Julien
Tel. 56 59 25 26
Lynch-Bages
Pauillac
Tel. 56 59 19 19
Malescot-Saint-Expéry
Margaux
Tel. 56 88 70 68
Marquis d'Alesme-Becker
Margaux
Tel. 56 88 70 88
Maucaillou
Moulis
Tel. 56 58 17 92
Montrose
St-Estèphe
Tel. 56 59 30 12
Siran
Labarde
Tel. 56 88 34 04

Graves:
Bouscaut
Cadaujac
Tel. 56 30 70 40
Carbonnieux
Léognan
Tel. 56 87 08 28
Gazin
Léognan
Tel. 56 23 31 29

St-Emilion/Pomerol:
l'Angélus
St-Emilion
Tel. 57 24 71 39

La Conseillante
Pomerol
Tel. 57 51 15 32
Corbin-Michotte
St-Emilion
Tel. 56 96 28 57
L'Evangile
Libourne
Tel. 57 51 07 25
Figeac
St-Emilion
Tel. 57 24 72 26

Armagnac

»Ein großer Bas-Armagnac ist eine Symphonie, gespielt von einem großen Orchester. Die Jahre sind die Instrumente – man hört die Blechbläser und Geigen, die Oboen und Trommeln.« So lobpreisen Jean und Georges Samalens in ihrem Buch »Armagnac« den zweitberühmtesten Weinbrand der Welt. An zweiter Stelle – das ist eben das Los des Armagnac. Der Cognac, sein nördlicher Vetter, ist einfach bekannter. Und das ist auch gut so. Der Armagnac blüht für uns Deutsche ein bißchen im Verborgenen – schön und still. Wer ihn kennt, weiß, daß er keinen Vergleich mit seinem Cousin zu scheuen braucht. Im Gegenteil: Die wahren Freunde des Armagnac setzen ihr Getränk auf den ersten Rang.

Der Armagnac ist der klassische Weinbrand Aquitaniens. Er kommt aus der Gascogne, und sein kräftiger und kerniger Geschmack hängt sowohl mit der Bodenbeschaffenheit als auch mit dem Klima seiner Heimat zusammen. Die Gascogne liegt zwischen Atlantik und Pyrenäen. Sie ist das Land der Weinberge, Maisfelder, der Wiesen und Eichenwälder. Ein Land der Hügel, auf denen sich frische Gebirgsluft mit einer kräftigen Meeresbrise mischt. Die Gascogne kennt strenge Winter, sonnige Sommer und einen milden Herbst. Nach allem schmeckt der Armagnac. Er reift in den Départements Gers, Landes und Lot-et-Garonne und wird aus weißem Wein gewonnen, der auf ca. 25 000 Hektar wächst – kein Wein zum Trinken: zu säurehaltig, zu wenig Alkohol, viele Duftstoffe. Aber es ist der beste Wein zum Brennen.

Wir teilen die Weingebiete, in denen Armagnac hergestellt wird, in drei Regionen ein:
– Bas-Armagnac mit den feinsten Bränden, die auch das typische Pflaumenaroma haben (Appellation Bas-Armagnac contrôlée).
– Ténarèze, ein Gebiet mit Lehm- und Kalkböden. Hier wird ein Brand produziert mit einem hauchzarten Veilchenaroma (Appellation Ténarèze contrôlée).
– Haut-Armagnac, ein Bereich, der im Gegensatz zu seinem Namen »Hoch« als der unterste in der Hierarchie gilt (Appellation Haut-Armagnac contrôlée).

Schon beim Brennen entdecken wir den großen Unterschied zum Cognac. Der Cognac wird zweimal gebrannt und erreicht dann einen Alkoholgehalt von 70 Prozent. Der Armagnac darf laut Gesetz nur einmal gebrannt werden und dabei höchstens 63 Prozent Alkohol erreichen. Bei dieser sanften Art des Brennens behält er alle wichtigen Aroma- und Geschmacksstoffe. Jetzt ist der Schnaps noch weiß, durchsichtig und natürlich sehr scharf. Es wird ihm daher das berühmte »kleine Wasser« beigegeben, dessen Zusammensetzung das große Geheimnis der jeweiligen Kellermeisters bleibt. Der Weinbrand kommt so auf eine Trinkstärke von 42 Prozent, bei der er zur höchsten Vollendung gelangt.

Dann stellt man die Mischung her, eine komplizierte Prozedur, bei der »Cuvée« aus Bränden von vier verschiedenen Rebsorten gemixt wird. Das ist ausschließlich Angelegenheit sehr erfahrener Kellermeister. Schließlich kommt der Weinbrand auf Faß. Je länger, um so besser. Er

Essen und Trinken 23

sollte mindestens fünf Jahre reifen – und zwar nur in Fässern, deren Eichenholz in der Gascogne geschlagen wurde. Alle Versuche, den Armagnac in 400-Liter-Fässern reifen zu lassen, deren Holz außerhalb der Provinz gewonnen wurde, sind bisher fehlgeschlagen. Nach der Lagerung wird der Brand in bauchige Flaschen gefüllt. Der Reifeprozeß ist damit abgeschlossen.
Es gibt sehr alte Armagnacs. Jahrgänge von 1920 oder gar aus dem 19. Jahrhundert sind keine Seltenheit – entsprechend hoch ist ihr Preis.

Getränke- und Speisenlexikon

Spezialitäten Aquitaniens sind mit einem Stern (*) gekennzeichnet.

Getränke

crémant: Schaumwein, Sekt
Cru: Weinlage
floc: Aperitif aus Armagnac und Most
marc: Tresterschnaps
monbazillac: schwerer, süßer Wein, als Dessert oder Aperitif geeignet
pineau: Aperitif aus Weinbrand (Cognac) und Most

Speisen

agneau pré-salé: Lamm von den Salzweiden hinter der Küste
aiglefin: Schellfisch
andouille: Schweinswurst aus Kutteln
andouillette: helle Kalbswürstchen
anguille: Aal
artichauds: Artischocken

bar grillé au fenouil: gegrillter Seebarsch mit Fenchel
beignet: Krapfen
blanquette: Ragout
blettes: Mangold
bœuf: Ochse, Rind
brochet: Hecht
brochette: kleiner Bratspieß

cabillaud: Kabeljau
caille: Wachtel

calmar: Tintenfisch
canard: Ente
– sauvage: Wildente
carotte: Mohrrübe
carpe: Karpfen
cassoulet: weißer Bohneneintopf
cèpes à la bordelaise: Steinpilze in Knoblauch und Öl
caviar de gironde: Kaviar aus der Girondemündung
cerf: Hirsch
cervelle: Hirn
chabichou: Ziegenkäse
charcuterie: Wurst/Schinken als Vorspeise
chèvre: Ziege (Ziegenkäse)
chevreuil: Reh
chipirones grillés: kleine, gegrillte Tintenfische
chou: Kohl, Kraut
– de bruxelles: Rosenkohl
– frisé: Wirsing
– rave: Kohlrabi
civet de lièvre: Hasenklein
colin: Seehecht
coquillages: Muscheln
côte: Rippenstück
crabes: Krabben
crème chantilly: Schlagsahne
crevettes: Garnelen
croustade: überbackene Pastete
confit: eingemachtes Fleisch von Ente, Gans oder Schwein
crudités: Rohkostteller
crustacés: Krustentiere

daube: Schmorfleisch
dorade: Goldbrasse
dindon: Truthahn

écrevisses: Süßwasserkrebse
entrecôte à la bordelaise: Rindersteak auf Rebholzglut gegrillt, mit Ochsenmark, Rotwein und Schalotten
épinard: Spinat
escalope: Schnitzel
escargots: Schnecken

faisan: Fasan
fenouil: Fenchel
flageolets: junge weiße Bohnen
flétan: Heilbutt

Essen und Trinken

foie: Leber
*– gras: Gänse(Enten)leber
fumé: geräuchert

*gâteau basque: Früchtekuchen mit Kirschkonfitüre
*– feuilleté garni de pruneaux: Obstkuchen mit Pflaumen garniert
*garbure: Gemüsesuppe
gibier: Wild
girolles: Pfifferlinge
grenouille: Frosch
grillade: gegrilltes Fleisch
*grive: Drossel, Krammetsvögel

hachis: Haschee
hareng: Hering
haricots: Bohnen
*homard: Hummer
huile: Öl
– d'olives: Olivenöl
– de noix: Walnußöl
*huitres: Austern

jambon de Paris: gekochter Schinken
*– de Bayonne: gesalzener, luftgetrockneter Schinken aus Bayonne

laitue: Kopfsalat
*langouste: Languste
*langoustine: kleiner Panzerkrebs
*lapereau: kleines Kaninchen
lapin: Kaninchen
lentilles: Linsen
*lièvre: Hase
*lamproie à la bordelaise: Neunauge in Rotwein
*lotte: Seeteufel
*loukinas: baskische Knoblauchwürste
*loup de mer: Seewolf

*magrets: Entenbrust
*maquereau: Makrele
*marrons glacés: glasierte Eßkastanien
*moulés crème: Miesmuscheln in Knoblauchsauce
morilles: Morcheln
moutarde: Senf
mouton: Hammel

navets: weiße Rübchen
noisette: Haselnuß

oie: Gans
oignon: Zwiebel
*ortolan: Fettammern

pâté des gibiers: Wildpastete
*pâté feuilleté: Pastete in Blätterteig
paupiette: Roulade
pêches: Pfirsiche
perche: Barsch
*perdreau, perdrix: Rebhuhn
pintade: Perlhuhn
*piperade: baskisches Tomatenomelette
poireau: Lauch
pois: Erbsen
poisson: Fisch
poitrine: Brust
pommes de terre: Kartoffeln
pot au feu: Rindfleisch in Gemüsebrühe
*poule au pot: Suppenhuhn mit viel Gemüse
poulet: Hühnchen, Brathuhn
*pruneaux: Backpflaumen
*– d'armagnac: Backpflaumen in Armagnac

raisins: Weintrauben
ratatouille: gemischtes Gemüse
ris de veau: Kalbsbries
rôti: Braten

*sandre: Zander
saucisson: Dauerwurst
*saumon: Lachs
sucre: Zucker

*taureau à la broche: Stier am Spieß
*thon: Thunfisch
*truffe: Trüffel
truite: Forelle
*trpotcha: baskische Hammelblutwurst
*ttoro: baskische Fischsuppe
turbot: Steinbutt

veau: Kalb
viande: Fleisch
vinaigre: Essig
volaille: Geflügel

Hotels und andere Unterkünfte

In fast jedem Ort finden Sie ein Tourismusbüro, das Ihnen Übernachtungsmöglichkeiten nennen kann. Falls ein Zimmer vermittelt wird, müssen Sie meist im Tourismusbüro eine Anzahlung leisten. Wie alle französischen Hotels sind auch die in Aquitanien unter staatlicher Kontrolle. Sie werden jedes Jahr überprüft. Kennzeichen für den Komfort eines Hotels sind die Sterne, die es am Schild neben der Eingangstür führt. Die Höchstzahl beträgt vier. Ausgesprochene Luxushotels haben in ihrem Sterneschild noch ein zusätzliches L. Diese Unterteilung sagt jedoch nichts über den Zimmerpreis aus. In Orten mit viel Tourismus oder in Großstädten sind Übernachtungen erfahrungsgemäß teurer. Es kann Ihnen also durchaus passieren, daß Sie für ein Zimmer in einem Drei-Sterne-Hotel mehr zahlen als in einem Vier-Sterne-Hotel. In der Regel sind Sie in einem Zwei-Sterne-Hotel gut und komfortabel untergebracht. Sie können Zimmer mit Doppelbett oder mit zwei Einzelbetten bekommen. Das Frühstück ist in den meisten Häusern nicht im Übernachtungspreis inbegriffen. Es kostet je nach Hotelkategorie zwischen 20 und 90 Francs.

Am Abreisetag müssen Sie das Zimmer bis 12 Uhr geräumt haben. Viele Hotels in kleineren Orten schließen um 22 Uhr. Wenn Sie noch einen Nachtbummel machen möchten, fordern Sie vom Portier oder der Concierge einen Schlüssel.

Während der Hauptsaison ist unbedingt eine Vorbestellung erforderlich. Falls Sie im Spätherbst oder Winter reisen, sollten Sie Ihr Hotel vor Reiseantritt anrufen. Viele Hotelbesitzer schließen während dieser Zeit.

Ermäßigungen werden in vielen Häusern außerhalb der französischen Ferien (Ende Juli, August) gewährt, also während der Vor- und Nachsaison. Manche Hotels geben auch einen Preisnachlaß, wenn Sie mehrere Tage (mit Halb- oder Vollpension) buchen.

Chambres d'hôte

Gästezimmer in Privathäusern oder auch auf dem Bauernhof sind besonders in ländlicher Gegend eine Alternative zum Hotel und werden immer beliebter. Sie sind weitaus preisgünstiger als Hotelzimmer, und man bekommt schneller Kontakt zu Einheimischen. Ihr Standard liegt freilich unter dem vergleichbarer Zimmer in der Bundesrepublik, Österreich oder der Schweiz. Außerdem sind sie schlecht zu finden. Laut französischer Straßenbauordnung dürfen entsprechende Hinweisschilder nur in einer bestimmten Entfernung von Straßenkreuzungen aufgestellt werden.

Ferienhäuser

Diese familienfreundliche Unterkunftsart wird besonders an der Küste genutzt. Dort haben seit dem letzten Jahrhundert wohlhabende

Hotels und andere Unterkünfte

In Eugénie-les-Bains können Sie in der ehemaligen Villa der Kaiserin Eugénie übernachten

Pariser und Kaufleute aus Bordeaux ihre Ferienvillen im baskischen Stil gebaut, die heute den Urlaubern zur Verfügung stehen. Es gibt auch umgebaute Bauernhäuser und einige neue, moderne Anlagen, die meist dem Stil der Landschaft angepaßt wurden. Ferienhäuser können nur wochenweise gemietet werden. Die Preise variieren je nach Lage, Größe, Komfort des Hauses und dem Zeitpunkt des Urlaubs zwischen 2000 und 4000 Francs. Acht überregionale Vermittler (Scharnow; ITS; ADAC; Interhome; Lüthgen, 3403 Friedland; Dr. Wulfs Ferienhausdienst, 5160 Düren, und Jacq, 7640 Kehl am Rhein) bieten Ferienhäuser an der Atlantikküste an.

Information über Ferienhäuser auf dem Land sowie über »Chambres d'hôte«:

Fédération Nationale des Gîtes Ruraux de France
35, rue Godot-de-Mauroy
75009 Paris

France Accueil – Guide des Hôtels Empfehlenswerte Hotelkette, deren Häuser (meist zwei Sterne) in etlichen Orten Aquitaniens vertreten sind. Hotelverzeichnis und Reservierung:
Minotels France Accueil
85, rue de Dessous-des-Berges
75013 Paris

Logis de France et Auberges Rural

Meist kleinere Hotels, die mit staatlicher Hilfe modernisiert wurden und die landestypischen Charakter bewahren müssen. Sie sind an einem grün-gelben Schild erkennbar, das ein Kaminfeuer darstellt. Information und Hotelverzeichnis:
Fédération Nationale des Auberges de France
25, rue Jean-Mermoz
75008 Paris

Camping und Jugendherbergen

(→ Info)

Einkaufen

Zunächst das vorweg: Mit den Ladenöffnungs- und -schlußzeiten nehmen es die Aquitanier im Gegensatz zu den Deutschen nicht so genau. In der Regel öffnen die Geschäfte werktags um 9 Uhr. Ab 12 Uhr ist Mittagspause. Manchmal aber auch erst ab 13 Uhr. Gegen 15 Uhr (oder auch 16 Uhr) sind die Läden wieder auf. Geschäftsschluß ist zwischen 19 und 20 Uhr. Diese Zeiten gelten auch für den Samstag. Am Sonntagvormittag haben fast alle Bäckereien geöffnet, das Stangenweißbrot muß ja frisch aus dem Ofen kommen. In manchen Orten kann man sogar am Sonntagmorgen in der Markthalle frische Zutaten für das Mittagessen kaufen. Gegen 12 Uhr werden die Hallen wieder geschlossen. Nur am Montag ist alles anders. Außer den Bäckereien und wichtigsten Lebensmittelgeschäften haben die meisten Läden geschlossen. Es gibt Ausnahmen: Einige Geschäftsleute machen am späten Montagnachmittag auf. Nur soviel zu den Zeiten.

Niemand kommt wohl auf die Idee, Aquitanien wegen des letzten Schreis der Haute Couture zu bereisen. Diesem Landstrich geht der glitzernde und extravagante Chic von Paris oder der Côte d'Azur ab. Was kauft man also in Aquitanien? Natürlich Wein – aber es gibt auch andere Mitbringsel.

Angel- und Fotozubehör

Ein Tip für den Sportfischer: Decken Sie Ihren technischen Bedarf in den zahlreichen Fachgeschäften des Landes. Das Angelzubehör ist ausgezeichnet und oft sehr preisgünstig. Filme für Ihre Fotoausrüstung sollten Sie dagegen besser zu Hause kaufen; in Frankreich sind sie merklich teurer.

Antiquitäten

In den meisten Ortschaften gibt es Antiquitäten- und Trödelläden. Manchmal finden Sie solche Geschäfte auch an der Landstraße. Aber Vorsicht: Häufig wird Plunder angeboten, der noch nicht einmal alt ist; antike Bauernmöbel finden sich nur selten. Da sollten Sie besser die Städte aufsuchen. Besonders hübsche Läden gibt es zum Beispiel in Bordeaux bei der Basilika St-Michel und im »Vieux Bordeaux«.

Kleidung

Selbstverständlich gibt es auch in Aquitanien elegante Geschäfte mit noch eleganteren Preisen. Besonders im »triangle« von Bordeaux, dem magischen Dreieck der Jeunesse dorée zwischen der Allee de Tourny, der Cours de l'Intendance und der Cours Georges Clemenceau. Auch einen angelsächsischen Einkaufsbummel können Sie in Bordeaux machen, es gibt dort fast so viele Burberry-Geschäfte und Schirm-Läden wie in London. Viele Bordelaisen meinen: Von Bordeaux ist es weiter nach Paris als nach London.

Die neueste Bade- und Freizeitmode finden Sie in den Boutiquen der Badeorte am Atlantik, vor allem in Biarritz und St-Jean-de-Luz. Das Preisniveau entspricht ungefähr dem in der Bundesrepublik. Beliebte Mitbringsel sind Espadrilles, die leichten Stoffschuhe (ab 25 Francs), und Baskenmützen (je nach Qualität zwischen 28 und 150 Francs).

Kunsthandwerk

In fast jedem Ort und auch an der Landstraße zeigen Schilder eine »poterie« (Töpferei) an. Qualität und Preise sind recht unterschiedlich. Im Durchschnitt kaufen Sie jedoch preisgünstiger als in der Bundesrepublik. Weitere Souvenirs: Fayence-Geschirr, Kleidung aus Schafwolle (Baskenland), Korbwaren, nachgebildete prähistorische Figuren und Bilder, darstellende Kunst mit Schiffs- und Winzermotiven.

Lebensmittel

Wahre Einkaufsparadiese sind die Wochenmärkte. Die Produkte sind von ausgezeichneter Qualität und auch günstig im Preis. Confits – eingemachtes Enten-, Gänse- und Schweinefleisch – überstehen auch die Rückfahrt nach Hause. Ebenso die kräftigen Landpasteten in Dosen. Die Foie gras, getrüffelte Gänse- und Entenleberpastete, schmeckt hingegen nur frisch unvergleichlich. In der Dose mindern Konservierungsstoffe den Geschmack. Außerdem empfehlenswert: Honig, Käse, luftgetrocknete Wurst, Schinken (Bayonne), Trüffeln (Périgord), Konfitüren, Schokolade (Bayonne), getrocknete Pflaumen (Auch), Makronen (St-Jean-de-Luz), Steinpilze in Öl und Knoblauch, caviar de gironde (selten, delikat und teuer).

Spirituosen

Der Armagnac aus Bas-Armagnac sollte mindestens 15 Jahre alt sein. Lohnenswert auch: Floc, ein Aperitif aus Armagnac und Most (Gascogne); Lillet, ein halbtrockener Aperitif aus Branntwein und Weißwein (Bordeaux).

Wein Aquitaniens berühmte Weine stehen natürlich an erster Stelle der Einkaufsliste. Sie kaufen sie am besten beim Erzeuger oder in einer der großen Vinotheken von Bordeaux. Preise: ab 20 Francs, nach oben unbegrenzt. Die Châteaux und Viticoles des Médoc haben die üblichen Geschäftszeiten, am Wochenende sind sie oft geschlossen. Für eine Weinprobe sollte man sich vorher telefonisch anmelden (Telefonnummern → Essen und Trinken). In St-Emilion haben die zahlreichen, exklusiven Weingeschäfte auch am Wochenende und während der Mittagszeit geöffnet.

Wer Zeit zum Stöbern mitbringt, findet in den Trödelläden im alten Bordeaux originelle Souvenirs

Feste und Festspiele

Lebensfrohes Aquitanien – es feiert seine Feste, wie sie fallen. Und Feste gibt es reichlich, besonders während der Sommermonate. Da sind die klassischen Festspiele im Frühjahr und Herbst, die Weinfeste im Médoc, die zahlreichen Stierkämpfe im Süden Aquitaniens. Und in den Küstenorten illuminieren während der Hauptsaison fast jedes Wochenende Feuerwerke den Strand und das Meer.

März bis Juni
Palmsonntag: Kuhrennen und spielerischer Stierkampf mit Kühen in Amou.
Ostern: Festival der Kirchenmusik und sakralen Kunst in Lourdes.
2. Sonntag nach Pfingsten: Festliche Prozessionen mit Gottesdiensten in den Baskenorten Bidarry, Hélette und Iholdy.

Mai
1. Mai: Meeresfest und Blumenkorso in Mimizan-Plage (Landes).
2. Sonntag im Mai: Festival der Folklore-Gruppen in Condom (Gascogne).
Datum variiert: Fünftägiges Musik-Festival in Bordeaux.

Juni
2. oder 3. Sonntag im Juni: Weinfest und Wahl des Weins des Vorjahres durch die Jurade in St-Emilion.
24.–25. Juni: Großes Fest mit Konzerten, Geschicklichkeitswettbewerben, Gottesdiensten, Feuerwerk etc. in St-Jean-de-Luz.
Jedes Wochenende: Weinfeste im Médoc und Haut-Médoc.
Datum variiert: Einwöchiges Internationales Touristikfilmfestival in Tarbes.

Juli
1. Juliwoche: Großes Thunfisch-Fest in St-Jean-de-Luz.
Mitte Juli: Feria de la Madeleine mit Stierkämpfen und Umzug in Mont-de-Marsan.

August
1. Augustwoche: Traditionelles Altstadtfest mit Stierkämpfen, Feuerwerk und Konzerten in Bayonne.
5.–6. August: Internationales Folklore-Festival in Saint-Sever.
15. August: Großes Meeresfest in Arcachon. Feuerwerk in Biarritz.
1. Sonntag nach dem 15. August: Fest der starken Männer (baskische Kraft- und Geschicklichkeitsspiele) in St-Palais.
3. Sonntag im August: Meeresfest und Fischer-Wettbewerb in Biarritz.
Datum variiert: Festival der Karikaturisten in Bayonne.
Ende August/Anfang September: Einwöchiges Musik-Festival an der Côte basque mit internationalen Interpreten in Bayonne, Biarritz, Cibourne, Ascain, Anglet, St-Jean-de-Luz (rechtzeitig Karten besorgen).
Ende August/Anfang September: Internationales Bridge-Turnier in Biarritz.
Letzter Samstag im August/1. Samstag im September: Historisches Kostümfest in Labastide-d'Armagnac (das Thema wechselt jedes Jahr).

September
3. Sonntag im September: Die Jurade (Weinbruderschaft) verkündet den Beginn der Weinlese im Gebiet St-Emilion.

Oktober
3. Sonntag im Oktober: Weinfest und der offizielle Beginn der Weinlese in St-Croix-du-Mont.

Sport und Strände

Die Sportmöglichkeiten Aquitaniens reichen vom Baden und Surfen im Atlantik über Golfturniere in Biarritz bis zum Skifahren in den Pyrenäen. Aktive und passive Sportinteressierte können sich in den örtlichen Tourismusbüros über die unterschiedlichen Angebote informieren.
Endlose Strände mit feinem weißem bis goldgelbem Sand. Eine größere Menge wird man sonst wohl nur in der Sahara finden. Fast jeder überwachte Strand hat einen »Mini-Club«, in dem Kinder während der Hauptsaison unter Aufsicht spielen und Sport betreiben können. Deutsche Sprachkenntnisse darf man jedoch von dem meist jungen Aufsichtspersonal nicht erwarten.
Badefreunde sollten den Atlantik nicht mit der Ostsee verwechseln. Strömungs- und Windverhältnisse können auch für geübte Schwimmer gefährlich werden. Während der Hauptsaison setzt die Wasserwacht sogar Hubschrauber zur Sicherung der Küste ein.
Wer sich strikt an die Gezeiten hält, hat viel Spaß beim pêché à pieds, dem Wattlaufen bei Ebbe – mit Gummistiefeln, Rechen und Eimer. Die Aquitanier jedenfalls finden im Schlick allemal eine Mahlzeit an Muscheln und anderem Meeresgetier.

Angeln

Unzählige Flüßchen und Seen laden im Land des Wassers zum großen französischen Freizeitsport, dem Angeln, ein. In den klaren Pyrenäen-Bächen und Flüssen sind Lachs, Forelle und Zander heimisch, in den Seen Hecht, Brasse, Aal und Rotauge. Große Fischgewässer sind die Ströme Dordogne, Garonne, Adour. In fast jedem Dorf bekommen Sie Tageskarten in der Tabac-Bar, im Geschäft für Anglerausrüstung oder im örtlichen Angelverein.
Adressen für Interessenten der Hochseefischerei:
St-Jean-de-Luz:
Tourisme basque
Tel. 59 26 25 87
Bar »La Marine«
Tel. 59 26 02 62

Arcachon:
L'U.B.A.
Tel. 56 54 60 32

Capbreton:
Sinbad Plaisance
Tel. 58 72 34 76
Anglet:
M. Laborde
Tel. 59 63 10 90
Yacht Club Adam Atlantique
Tel. 59 63 16 22

Bootstouren

Aquitanien bietet ideale Möglichkeiten für Touren mit dem Paddelboot oder Kajak: auf den Flüssen Garonne, Dordogne, Adour, Vézère, Dropt, Eyre und Midouze sowie auf den zahlreichen Binnenseen, die mit Kanälen untereinander verbunden sind. Die reißenden Pyrenäenflüsse wie der Gave de Pau erfordern ein großes sportliches Geschick. Ein Bootsführerschein ist nicht erforderlich. Die Kenntnis der auf französischen Wasserwegen gültigen Regeln wird jedoch vorausgesetzt. Das Durchfahren von Schleusen ist, abgesehen vom

Sport und Strände 31

Trinkgeld für den Schleusenwärter, kostenlos. Buchungen und nähere Informationen:
Fédération Française de Canoe-Kayak
17, route de Vienne
69007 Vienne
Tel. 78 61 32 74
Loisirs Accueil Dordogne/Périgord
16, rue du Président Wilson
24000 Périgueux
Loisirs Accueil Landes
B.P. 259
40005 Mont-de-Marsan
Loisirs Accueil Gironde
21, cours de l'Intendance
33000 Bordeaux
Weitere Informationen über Miete oder Kauf von Sportbooten:
Fédération des Industries Nautiques
Port de Bourdonnais
75007 Paris
Tel. 1 45 55 10 49
Informationen über Betrieb der Schleusen, Fahrerlaubnis etc.:
Ministère de l'Urbanisme du Logement et des Transport Services des voies navigables
244, bd. Saint-Germain
75007 Paris
Tel. 1 45 55 39 93

Jagen
Aquitanien ist ein einziges Waffenarsenal. Offiziell sind über 200 000 Jagdscheine registriert. Informationen für Jäger:
St-Hubert Club de France
10, rue de Lisbonne
75008 Paris, Tel. 1 45 22 38 90

Pelota
Der baskische Volkssport zieht in Aquitanien immer mehr Zuschauer an. Im Baskenland hat jedes Dorf einen Pelota-Platz, meist neben der Kirche. Das Spiel selbst erinnert an Squash, nur die Regeln sind wesentlich komplizierter. Ein kleiner Ball schwirrt mit unglaublicher Geschwindigkeit zwischen der Wurfwand und den Spielern hin und her. Viel Aktion und Dramatik – obwohl man so gut wie nichts versteht. Das – überwiegend einheimische – Publikum geht begeistert mit, und so etwas steckt an. Information:
Bayonne: Tel. 59 55 11 36

Reitsport
Für ausgedehnte Reittouren gibt es ausgezeichnete Möglichkeiten. Information:
Association de Tourisme Equestre
16, rue Wilson
24000 Périgueux
Wer's noch rustikaler mag – Zigeunerwagen sind in folgenden Départements zu mieten: Landes, Dordogne, Lot-et-Garonne. Informationen für Touren mit Pferd und Wagen:
Service Loisir Accueil
Office Départementale du Tourisme de la Dordogne
16, rue Wilson
24000 Périgueux, Tel. 53 53 44 35

Radfahren
Wie Sie es auch haben wollen – die gemütliche Tour durch die Landes oder die Quälerei durch die Pyrenäen –, es gibt genügend Möglichkeiten. Für Hobbyradler ist das weitverzweigte Wegesystem der Gironde interessant. Die Landschaft ist flach, aber auch nicht sonderlich abwechslungsreich. Tourenvorschläge unterbreiten Ihnen die Tourismusbüros oder die Verkehrsämter der Départements. Wer mit dem Zug anreist, kann an folgenden Bahnhöfen Räder mieten: Agen, Arcachon, Argelès-Gazost, Auch, Bagnères-de-Bigorre, Bayonne, Bordeaux-St-Jean, Dax, Libourne, Sarlat-la-Canéda, St-Jean-de-Luz, Soulac-sur-Mer, Tarbes, Vic-en-Bigorre (→ Routen und Touren).

Rugby
Wer bei dieser Mischung aus Fußball und American Football zuschauen möchte, kommt in Aquita-

Sport und Strände

nien auf seine Kosten. Im Sommer und Frühherbst finden in fast allen größeren Orten an jedem Wochenende nationale wie internationale Wettbewerbe statt. Informieren kann man sich in:
Pau: Tel. 59 27 34 77
Bayonne: Tel. 59 63 36 57
Mont-de-Marsan: Tel. 58 75 14 90
Agen: Tel. 53 96 43 01

Segeln und Surfen

An der Atlantikküste gibt es fast überall Gelegenheiten zum Segeln und Windsurfen. Vorsicht: Innerhalb weniger Minuten kann das Wetter umschlagen, Windverhältnisse und Strömungen müssen unbedingt berücksichtigt werden. Erkundigen Sie sich vorher bei den Segel- und Jachtclubs der größeren Seebäder.

Wandern

Ein paar hundert Wanderrouten führen vorbei an Flußtälern, durch die Hügel der Gascogne und durch weite, landschaftlich reizvolle Ebenen. Keine Angst, nach ein paar Stunden landet man stets bei einem idyllischen Landgasthof. Auskunft:
Comité National des Sentier de Grande Randonée
92, rue Clignancourt
75883 Paris cédex 15
Tel. 12 59 60 40

Strände

Arcachon Größter Ort an der Côte d'Argent. Bedeutender Fischereihafen, berühmte Austernbänke. Jede Art von Wassersport möglich. Mehr darüber im Kapitel »Orte und Ziele in der Umgebung«.

Biscarrosse-Plage Komfortable Sommerhäuser, Appartementblocks, Pommes-frites-Buden, Crêperien – wenig Atmosphäre. Aber – wie überall – ein toller Strand. Windsurf-Schule, Jachthafen, Wasserski, Tauchen, Segeln.

Capbreton Feiner Bade- und Fischereiort. Soll umgebaut werden zu einem Seebad von großer Kapazität. Bislang aber noch sehr gemütlich. Gute Fischrestaurants, schöne Dünenstrände, bei klarer Sicht ein malerischer Ausblick auf die baskische Küste und die Pyrenäen. Tauchen, Segeln, Windsurfen.

Côte basque Die Bäder werden im Kapitel »Orte und Ziele in der Umgebung« vorgestellt. Alle möglichen Sportarten – Segeln, Tauchen, Wasserski, Windsurfen – möglich. Besonderheit: Europas bestes Revier für Wellenreiten.

Hossegor Sehr schöner, gepflegter Badeort. Teils am Meer, teils an einem Binnensee gelegen, am Lac d'Hossegor. Ortskern mit Geschäften und Restaurants, urban und lebhaft. Kultivierte Atmosphäre. Meerwasserschwimmbecken, Segelschule, Jachthafen, Windsurfen, Wasserski.

Hourtin Liegt einige Kilometer landeinwärts, unmittelbar am Lac d'Hourtin, Frankreichs größtem Binnensee (60 km^2). Er ist von Wäldern und Sümpfen umsäumt und mit weiteren Binnenseen sowie der Bucht von Arcachon durch schmale Kanäle verbunden. Anglerparadies, Jachthafen, gute Angebote für Urlauber mit Kindern (→ Info: Kinder).

Hourtin-Plage Der Ableger direkt am Atlantik, feiner Sandstrand. Guter Camping-Platz.

Lacanau-Océan Das Torremolinos der Côte d'Argent. Nicht jedermanns Geschmack: viel Beton, ein typisches neues Ferienzentrum. Feiner Strand, besonders beliebt bei Windsurfern. Segeln, Wasserski.

Mimizan-Plage Badeort der einfachen Ansprüche, Flußmündung mit braunen Abwässern einer Papierfabrik, die sich aber sehr schnell im Meer verteilen. Der Ort wird von jungen Familien bevorzugt, die auf ihr Geld achten müssen. Segelschule, Tauchen, Windsurfen.

Sport und Strände 33

Hoch über dem Becken der Gironde thront diese byzantinisch beeinflußte romanische Kirche

Montalivet-les-Bains Europas größtes Nudisten-Zentrum. Schöne Wohn- und Campinganlagen, überwachter Strand.

Pointe de Grave Hier beginnt die Côte d'Argent – Europas längster Sandstrand, 240 km lang. Von der Düne an der Pointe de Grave hat man einen schönen Ausblick auf die Gironde-Mündung.

Soulac-sur-Mer Alter Badeort, dessen Fischereihafen längst versandet ist. Feiner Sandstrand, in der Saison überwacht. Möglichkeiten zum Segeln und Windsurfen.

Vieux-Boucau-les-Bains Ursprünglich ein reizvoller, gewachsener Ort, der jedoch sein Gesicht verliert. Große Bauprojekte werden das Bild der Landschaft verändern. Hier soll ein modernes Seebad mit großen Kapazitäten entstehen. Prächtige, weite Strände, wunderschöne Dünenlandschaft.

Routen und Touren

Aquitanien ist kein Urlaubsland, in dem man vier Wochen an einem Fleck verbringt. Die Unterschiedlichkeit der Landschaft und ihrer Bewohner sowie die Größe der Region laden zu Rundreisen ein. Auch die Nähe zu Spanien bietet sich für Ausflüge an. Natürlich kann man den Familienurlaub durchgehend am Atlantik verbringen, ohne daß Langeweile aufkommt. Doch wer unabhängig ist, sollte sich zumindest Zeit für eine dieser Routen nehmen.

Besonders für Radfahrer bietet Aquitanien sehr reizvolle Touren – je nach Kondition. Sie können bequem durch die Ebenen der Landes oder des Médoc fahren, Sie können aber auch in den Hügeln der Dordogne und Gascogne ins Schwitzen geraten. Wer die Kondition eines Radprofis hat, kann sich auch auf eine der anspruchsvollen Pyrenäen-Touren wagen, auf denen jedes Jahr bei der Tour de France selbst einige Rennfahrer kapitulieren müssen. Doch wir suchen ja das Vergnügen – und nicht die Qual.

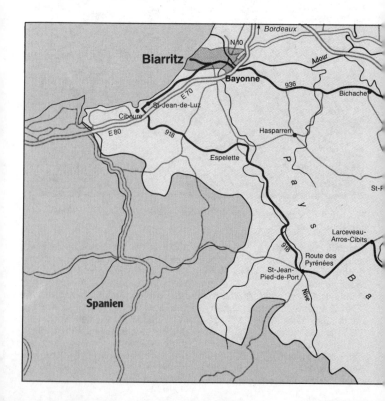

Routen und Touren

Mit dem Auto
Durch das Baskenland (rund 450 km, Reisedauer gut fünf Tage) Man braucht schon ein bißchen Zeit und Geduld, falls auf einer Hochgebirgsstraße der Pyrenäen eine Schafherde den Weg kreuzen sollte. Man braucht aber auch Zeit für die alten Städte Bayonne, St-Jean-de-Luz, für St-Jean-Pied-de-Port, für einen baskischen Friedhof, für ein Pelota-Spiel, für die Corrida (Stierkampf) und erst recht für Pau, der Stadt des Königs von Navarra, Heinrich IV. Es ist eine stille Tour, und mancher Tourist wird sich später wünschen, er wäre länger dort geblieben.

Wir starten in *Bayonne* und fahren zur nahegelegenen Küste nach *Biarritz*. Nach einem Sonnenbad am Strand oder einem Mittagessen im ehemals so mondänen Seebad der Fürsten und Finanzkönige der Belle Epoque nehmen wir die autobahnähnliche N 10 Richtung San Sebastian und steuern *St-Jean-de-Luz* an. Von dort geht's nach *Cibourne*, dem Geburtsort des Komponisten Maurice Ravel (»Bolero«). Kurz vor der spanischen Grenze biegen wir nach links ab auf die D 4. Die Straße schlängelt sich das Pyrenäen-Vorgebirge hinauf. Wir fahren dann auf der D 20 Richtung *Campo-les-Bains*, einer alten baskischen Stadt. In der Nähe werden in Espelette die Pottok-Pferde gezüchtet, eine kleine braunweiß gescheckte Ponyrasse, die in halbwilden Herden auf den Berghängen lebt. Wir überqueren

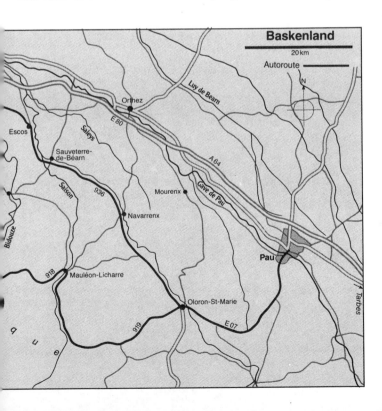

den Gebirgsfluß Nive, der später in Bayonne in den Adour mündet, und fahren auf der D 918 nach *St-Jean-Pied-de-Port*.
Von dort geht's auf die D 933 Richtung St-Palais. In Larceveau-Arros-Cibits biegen wir nach rechts auf die D 918 ab. Vor uns liegt eine äußerst malerische Pyrenäenstrecke (D 918). Sie führt über *Mauléon-Licharre* (Renaissanceschloß Château d'Andurain) und Lanne nach Asasp-Arros auf die N 134 und von dort in die Baskenstadt *Oloron-Ste-Marie* am wilden Pyrenäenfluß Gave d'Oloron. Hier lohnt es sich, die imposante Kathedrale Ste-Marie aus dem 13. Jh. zu besichtigen. Von Oloron aus können wir der alten Königsstadt *Pau* einen Besuch abstatten oder über die D 936 nach Bayonne zurückkehren.

Durch das Bordelais (rund 550 km, Reisedauer fünf Tage) Wir beginnen die Route am Nordzipfel der Gironde in *Le Verdon*. Auf der D 101 geht es südwärts durch Kiefernwälder, immer einige Kilometer parallel zum Meer. Wir kommen nach *Hourtin* am Lac d'Hourtin-Carcans, Frankreichs größtem Binnensee. Zeit nehmen für einen kurzen Seeausflug mit einem Elektroboot. Auf der D 3 und D 207 geht es weiter auf die andere Seite des Sees und schließlich wieder zurück auf die D 3. Wir passieren eine riesige Bucht, das Bassin d'Arcachon, und fahren auf der D 650 nach *Arcachon*, vielleicht auf eine kurze Mahlzeit frischer Austern. Wieder zurück auf der D 650 zur D 3 und dann in Richtung Belin-Béliet und weiter nach *Villandraut*. Von wei-

Gelegenheit zur Rast bieten die Cafés auf der Place Louis XIV in Saint-Jean-de-Luz

Dorfschule in den Landes im typischen Fachwerkstil der Region

tem sehen wir die mittelalterliche Burg, auf der Bertrand de Got geboren wurde, der 1305 zum Papst Clemens V. bestimmt wurde.
In Villandraut zweigen wir links ab auf die D 8 nach *La Brède*, ein wuchtiges Schloß, auf dem der berühmte aquitanische Rechtsphilosoph Montesquieu lebte und arbeitete. Weiter auf der N 113 nach *Bordeaux*. Einen Tag Zeit sollten wir uns mindestens für diese Stadt nehmen.
In Bordeaux überqueren wir die Garonne und fahren auf der D 10 durch das Weinbaugebiet Côte de Bordeaux. Dann auf der D 672 und D 17 durch die Rebenfelder des »Entre-deux-Mers«. Kleine Pause für Weinkauf. Auf der D 20 geht es über die Dordogne nach *Libourne*, einer alten Weinhandelsstadt (23 000 Einwohner). Sehenswert sind die große Brücke (Grand Pont) aus der Zeit Napoleons I., der Quai Suchet und der Quai de l'Isle.
Kurzer Abstecher in das Weinstädtchen *St-Emilion* mit seinen verwinkelten Gäßchen, dem alten Königsschloß und der Felsenkirche (gute Restaurants, noch bessere Weine).
Zurück nach Libourne und auf der D 670 über Le Bouilh und Bourg nach *Blaye*. Man sollte sich zwei Stunden Zeit nehmen und die alte Zitadelle besichtigen. Dann überqueren wir mit der Fähre die an dieser Stelle über vier km breite Gironde und fahren über die D 2 und D 204 durch die berühmten Weinorte des Haut-Médoc. Schließlich geht es auf der N 215 wieder zurück zu unserem Ausgangsort Le Verdon.

Mit dem Bus
Ausflug nach San Sebastian
Unweit der französisch-spanischen Grenze findet man eine der schönsten Städte Europas, von weichem Licht überflutet: San Sebastian, die Perle der Biskaya, nur 1½ Autostunden Busfahrt von Biarritz entfernt (inkl. Grenzübertritt; die Busse fahren mehrmals täglich) liegt der spanische Ort zwischen den Hügeln

38 Routen und Touren

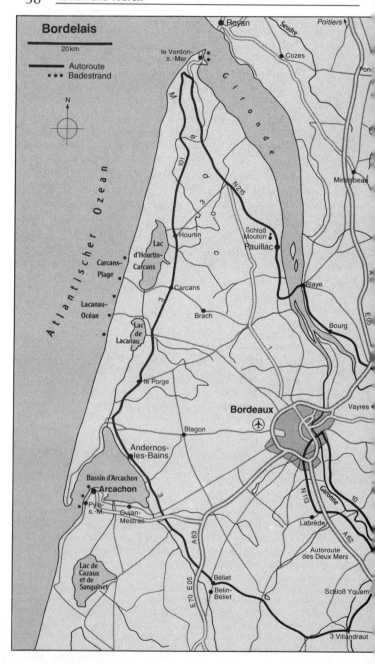

Routen und Touren 39

Routen und Touren   41

und Felsnasen, die Pyrenäen und kantabrisches Gebirge miteinander verbinden. Von hier oben bringt im Frühjahr und Frühsommer eine würzige Brise den Duft von Ginster, Lorbeer und Eukalyptus; vom Atlantik trägt der Wind den Geschmack von Salz und Algen herüber.

San Sebastian ist zwischen die Berge Igueldo, Urgull und Ulia eingebettet, sie schützen vor der wütenden Wucht des Ozeans. So malerisch wie die Lage, ist auch die Eleganz der Stadt. San Sebastian ist nicht irgendein Seebad. Es ist ein Feudalort wie das frühere Biarritz, wie Cannes oder Nizza. In San Sebastian urlauben keine Touristenmassen. Hier erholen sich traditionsgemäß der Adel und die oberen Zehntausend Spaniens.

Man sollte während eines Urlaubs an der süd-französischen Atlantikküste unbedingt den kleinen Abstecher über die Grenze nach Spanien machen, inklusive einer Übernachtung. Es lohnt sich. San Sebastian ist eine baskische Stadt, Metropole der Provinz Guipúzcoa. Sie hat mit ihren beiden Buchten einen relativ engen Zugang zum offenen Meer. Die Ufer dieser Buchten sind breite, goldgelbe, feinsandige Strände, eine Art Copacabana Europas. Da wären die Playa de Ondarreta (ganz im Westen), die Playa de la Concha (muschelförmig und mit Abstand der schönste Strand) und im Norden die Playa de Gros (mit ihrer Brandung ein Paradies für Surfer). Hinter der Playa de la Concha erhebt sich – ähnlich wie in Nizza oder Cannes – ein beeindruckendes Panorama von weißen, feudalen Hotelfassaden. Am Strand selbst spielt sich während des Sommers das Leben ab, er ist dann der Mittelpunkt der Stadt – eine einzige große Bühne der Lebenslust.

Man blickt hinüber zum Monte Urgull mit der mittelalterlichen Festung Castillo de la Mota, die von einer 25 m hohen Jesus-Statue gekrönt wird – Rio de Janeiro läßt grüßen. Zu Füßen des Berges liegt der kleine malerische Fischereihafen mit den blau bemalten Booten und Kuttern. Zum Erlebnis wird der Besuch eines Pelota-Spiels, wenn das Publikum tobt und pfeift und die Buchmacher glänzend verdienen. Wer es mag, sieht spanischen Stierkampf, wie er auch in Aquitanien teilweise gezeigt wird. Oder wie wär's mit einem Besuch in der Fußballarena, wenn Real San Sebastian ein Heimspiel hat. Da kann es durchaus passieren, daß 30000 hektisch mit weißen Tüchern winken: Sie wollen das Ohr des Toro, des Stiers – leider meinen sie in diesem Fall den Schiedsrichter.

Der Sommer ist vollgepackt mit Segelregatten, Jazz-Festival, glanzvollen Ballett- und Theateraufführungen, Pferderennen, Feuerwerken und Tennisturnieren. Im Sommer kommen die Internationalen Filmfestspiele, durchaus mit denen in Cannes oder Venedig zu vergleichen – und schließlich als Abschluß und Höhepunkt der Saison (1.–9. Sept.) die Fiestas Eukaras – das Baskenfest schlechthin. Da messen sich bärenstarke Männer im Holzhacken, Ringen und Steineheben, da spielen Schalmeien und Schellentrommeln zu uralten Schwerter-, Schild-, Bogen- und Bänder-Tänzen auf, und eine ganze Stadt ißt und trinkt überschwenglich.

Herrlich bummeln läßt es sich auf der Alameda del Boulevard, einer prächtigen Baumallee mit schönen Parkanlagen an der Nahtstelle zwischen Alt- und Neustadt. Hier steht auch das prächtige Rathaus im Zuckerbäckerstil aus gelbem Stein, frü-

---

Einen Abstecher wert ist die mittelalterliche Felsenkirche in Saint-Emilion

her das Spielcasino. Man geht am Teatro Principal vorbei und kommt am Ende der Calle Mayor zur Kirche Santa Maria (baskisch: Iglesia Matriz). Ein Barockbau von 1764 vor dem Hintergrund der bewaldeten Hänge des Monte Urgull. In der Kirche steht die berühmte hl. Katharina von Juan de Mena, eine Statue aus dem 16. Jh.

Von Santa Maria aus führt der Weg zum Palacio del Mar, in dem jetzt das *Ozeanische Museum* untergebracht ist.

Sehenswert ist auch das Kloster San Telmo. Das prachtvolle Gebäude (späte Gotik und Renaissance) wurde von einem Günstling Kaiser Karls V. gegründet und 1551 fertiggestellt. Schöner Kreuzgang. Das *Museum* zeigt teils eine beachtenswerte Gemäldegalerie, teils eine archäologische Ausstellung, die sich hauptsächlich auf die baskische Kultur konzentriert.

San Vincente ist die älteste spätgotische Kirche der Stadt in der Calle de Narrica. Besonders wertvoll ist der vergoldete, holzgeschnitzte Aufsatz des Hochaltars von 1584.

Der ehemalige Königspalast Palacio Real oder Mirmar liegt auf einem Felsen an der Avenida de Miramar. Von der königlichen Sommerresidenz mit ihren herrlichen Terrassengärten blickt man über die »Concha«-Bucht und die Strände.

Die baskische Küche gilt als die beste Spaniens – vielleicht weil Frankreich so nahe liegt. Feinste Fischgerichte bekommt man in den zahlreichen kleinen Restaurants am Hafen und in der Altstadt. Spezialitäten: gebackene chipirones (Tintenfische), in heißem Öl und Knoblauch gesottene angulas (Glasaale), Stockfisch, Muscheln aller Art, gefüllte Langusten, merluza a la vasca (frisch geangelter Schellfisch mit grüner Petersiliensauce mit Muscheln und Spargelspitzen) oder aber auch riesige Kalbkoteletts und die unaussprechliche Spezialität: oriburuak urdaiazpikoaerekin; klingt eigenartig, aber schmeckt phantastisch: feinster hauchzarter Schinken mit Artischocken. Man trinkt dazu hausgemachten txakoli (Obstwein) oder aber weißen oder roten Rioja.

Auf keinen Fall sollten Sie sich einen Besuch des Restaurants *Arzak* entgehen lassen, es ist eines der besten Spaniens. Auch das *Akelarre* bietet hervorragende baskische Küche. Nicht ganz so exklusiv, aber ebenfalls empfehlenswert ist das rustikale *Beti yai*.

Ein prächtiges Luxushotel im Stil der Belle Epoque ist das *Maria Cristina*; herrlichen Blick aufs Meer und das Spielkasino im Haus bietet das *De Londres y de Inglaterra*. Ein wenig günstiger ist das *Nizza*, zu den preiswerten Hotels zählt das *Isla*.

Akelarre
B. Igueldo
Tel. 00 34/943/21 20 52
S. abend und Mo geschl.

Arzak
21, Alto de Miracruz
Tel. 00 34/943/27 84 65
So abend und Mo geschl.

Beti yai
22, Fermin Calbetón
Tel. 00 34/943/42 77 37
Mo und Di geschl.

Isla
17, Miracoucha

De Londres y de Inglaterra
2, Zubieta
Tel. 00 34/943/42 69 89

Maria Cristina
Paseo República Argentina
Tel. 00 34/943/29 33 00

Nizza
56, Zubieta
Tel. 00 34/943/42 66 63

Museum Kloster San Telmo
Mo 15.30–19 Uhr, Di–Sa 10–13.30 Uhr und 15.30–19 Uhr, So und feiertags 10–13.30 Uhr

Ozeanisches Museum
Palacio del Mar
Di–So 10–12.30 Uhr und 15.30–19.30 Uhr

Mit dem Fahrrad

In den Tälern von Dordogne und Vézère (knapp 70 km, höchster Punkt 212 m) Diese Tour führt durch eine landschaftlich und kulturell besonders reizvolle Gegend der Dordogne; durch Eichenwälder und idyllische Flußtäler, vorbei an mittelalterlichen Burgen und prähistorischen Fundstätten. Ausgangspunkt der Rundfahrt ist *Sarlat-la-Canéda*, die Hauptstadt des Périgord noir. In den umliegenden Wäldern wächst das »schwarze Gold«, kostbare Trüffeln, die von Sammlern mit abgerichteten Hunden oder Schweinen aufgestöbert werden. Sarlat zählt zu den schönsten Orten Aquitaniens: Bischofssitz seit dem 14. Jh. mit prächtiger Kathedrale, alten Herrschaftshäusern, einem romanischen Glockenturm und vielen romantisch verwinkelten Gäßchen. Die Stadt hat eine direkte Zugverbindung nach Bordeaux; am Bahnhof gibt es die Möglichkeit, Räder zu leihen.

Wir verlassen Sarlat in südlicher Richtung auf der D 46. In Vitrac geht's rechts auf die D 703, bis links die D 46 nach Domme führt. Wir überqueren die Dordogne. Braun und träge kommt der Fluß daher. Nach kurzer Zeit erreichen wir *Domme*, das hoch oben auf einem steil abfallenden Felsen thront. Welch ein Ausblick hinunter ins Tal! Wir schlendern durch das mittelalterliche Städtchen, besichtigen die Stadtmauer aus dem 13. Jh. und vielleicht noch die Tropfsteinhöhlen unter dem Ort.

Dann geht's die kurvenreiche Straße wieder zurück zur Dordogne hinunter. Nachdem wir den Fluß überquert haben, biegen wir nach links ab auf die D 703, die uns nach *La Roque-Gageac* führt, einem malerisch am Steilhang gelegenen Dorf. Wir fahren die Dordogne entlang,

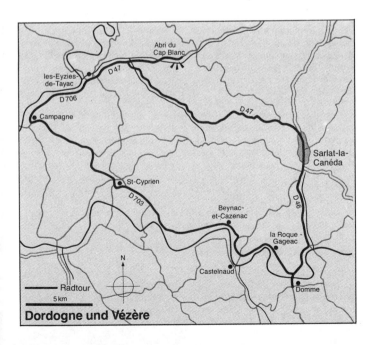

Dordogne und Vézère

Romantisches Schloß im Tal der Dordogne bei Lalinde

durch das friedliche, ursprüngliche Tal. So muß vor vielen Jahren der Lauf des Neckars oder Mains ausgesehen haben, als deren Täler noch Täler waren. Vorbei geht's an den berühmten Schlössern Fayac (Privatbesitz, nicht zu besichtigen) und Les Milandes, in dem Josephine Baker ihr internationales Kinderdorf errichtete.

Kurz vor Beynac sehen wir von weitem die Burg Castelnaud, hoch über der Dordogne. Der kurze, aber sehr steile Aufstieg lohnt sich. Im Hof des Schlosses befindet sich eine interessante Ausstellung von mittelalterlichem Kriegsgerät. Unvergleichlich ist jedoch der grandiose Ausblick über das Flußtal auf das Städtchen Beynac, genau gegenüber. Während des 100jährigen Krieges beobachteten von hier aus die Engländer die feindlichen französischen Truppen. Wir fahren weiter nach *Beynac* mit seinem hoch aufragenden Schloß.

Von hier aus geht's entlang der D 703 nach *St. Cyprien* mit dem wunderschön restaurierten Château de Fages aus dem 16. Jh. In St. Cyprien biegen wir rechts ab und fahren auf der D 49 und der D 35 nach Campagne. Dort geht's nach rechts auf die D 706. Die Vézère entlang fahren wir nach *Les Eyzies-de-Tayac*, der prähistorischen Wiege Frankreichs. Tage könnten wir hier verbringen, hineinsteigen in die Vorgeschichte der Menschheit, Höhlen besichtigen, Malereien bewundern, die alles andere als primitiv zu nennen sind. Oder auch einfach nur durch die Landschaft streifen mit ihren Eichenwäldern, Wacholdersträuchern und steil aufragenden Kalksteinfelsen.

Doch auch auf unserem Rückweg nach Sarlat, auf der D 47, können wir noch eindrucksvolle Zeugnisse der steinzeitlichen Kunst besichtigen. Kurz hinter Les Eyzies liegen die Höhlen Font-de-Gaume und Les Combarelles, mit berühmten prähistorischen Wandmalereien. Links zweigt die D 48 zum vier Kilometer entfernten Abri du Cap Blanc ab, das sehenswert ist wegen seiner prächtigen Tierreliefs, unter anderem einem zwei Meter großen Pferd.

Auf der letzten Etappe unserer Rundfahrt geht es leicht, aber stetig bergauf, etwa 17 km lang; dann folgt kurz und steil auf der D 6 der Endspurt nach *Sarlat-la-Canéda* hinunter.

Natur und Umwelt

Aquitanien hat zwei große Naturparks. Von der Bucht von Arcachon bis zu den Kiefernwäldern der Landes reicht der 210 000 Hektar große *Parc Régional des Landes de Gascogne*. Die Landschaft – Wälder, unberührte Sumpfwiesen, kleine Seen – wird von dem sanft dahinströmenden Flüßchen Eyre durchzogen. Bei *Le Teich* (bei Arcachon) haben im Mündungsdelta der Eyre viele Vogelarten eine nahezu unberührte Zuflucht erhalten. Seltene Vögel überwintern hier. Insgesamt wurden über 240 Arten gezählt. Darunter Enten, Wildgänse, Wildschwäne, Störche und Reiher. Sie leben von der (noch) einigermaßen intakten Fischfauna. Mit etwas Glück kann man sogar Biber in freier Wildbahn beobachten. Die Tiere wurden vor einigen Jahren angesiedelt. Der *Parc ornithologique Le Teich* ist März – Sept. 9–19 Uhr; Okt. – Feb. 10–17.30 Uhr geöffnet, Eintritt 15 FF.

Ein weiteres Vogelparadies bei Arcachon: die *Ile aux Oiseaux* (Vogelinsel). Früher hatten hier nur ein paar Austernfischer ihre Hütten und Pfahlbauten, die heute zum Teil als Ferienhäuser benutzt werden.

1967 entschlossen sich die französischen Behörden, einen Teil der *Pyrenäen* zum Naturschutzpark zu erklären. Er ist 46 000 Hektar groß und reicht auf die spanische Seite hinüber. In dieser unberührten Hochgebirgslandschaft mit ihren stillen Wäldern, Wasserfällen, Wildbächen und versteckten Bergseen haben sich Tiere gehalten, die fast in ganz Europa ausgestorben sind. Etwa fünfzig Braunbären wechseln mal nach Spanien, mal nach Frankreich über. Bart- und Gänsegeier kreisen über den Gipfeln, mit einer Flügelspanne von bis zu drei Metern die größten Vögel des Kontinents. Sie sind sonst nur noch in Mazedonien und auf Sizilien anzutreffen. Seltener noch kann man den Kaiseradler am stahlblauen Himmel erspähen. In der geschützten Pyrenäenfauna lauern Luchs, Ginsterkatze, Edelmarder und Hermelin auf Beute. In der schroffen Felsenwelt lebt der Steinbock, und die vom Aussterben bedrohte Pyrenäengemse hat sich auf einen Bestand von rund 3600 Stück vermehrt. Auerwild und das weiße Rebhuhn haben hier überlebt.

Leider ist Aquitanien, das so reich von der Natur gesegnet wurde, in bezug auf den Umweltschutz kein europäisches Musterland. Das liegt sicherlich auch an einer gewissen französischen Lässigkeit, mit Industrie- und Militäransiedlung umzugehen. Seit einigen Jahren kämpft die Landwirtschaftskammer der Gironde gegen »den systematischen Mord am besten Rebland der Welt«. Gemeint ist das Verhalten von Bauspekulanten, Kieshändlern und unbelehrbaren Kommunalpolitikern.

Natur und Umwelt

Das über seine Grenzen hinauswuchernde Bordeaux braucht Beton. Den Kies dafür gewinnt man aus den Flußbetten von Dordogne und Garonne. Weil dabei die Fische beim Laichen gestört werden, wurde dies mittlerweile verboten. Die Grünen (Écologistes) sowie die starke Lobby der Sportangler haben dieses Verbot durchgesetzt. Die Bauunternehmer kauften statt dessen Rebland auf. So entstanden seit 1972 in Grave und im Médoc jeweils mehr als 100 Kiesgruben, mit einer Gesamtfläche von über 1000 Hektar. Die Gefahr: Der Grundwasserspiegel könnte absinken und dadurch Schäden hervorrufen, die unkalkulierbar sind. Ein bildlicher Vergleich eines empörten Winzers: »Wir fressen unsere eigenen Gliedmaßen auf.«

Die Winzer von St-Estèphe kämpfen seit Jahren gegen den Ölhafen von Le Verdon. Dort werden Supertanker entladen, und die Bauern befürchten eine Ölpest, die ihre kostbaren Weinberge, die direkt an der Gironde liegen, gefährden würde. Auch das Idyll der Côte d'Argent ist durch etliche Umweltsünden in Mitleidenschaft gezogen worden. Nur: Es fällt nicht so auf wie an anderen Stränden Europas. Die Dimensionen sind einfach größer. In Arcachon beklagen sich die Austernfischer über die Störung durch rücksichtslose Motorbootfahrer und über die zunehmende Wasserverschmutzung. In Lacanau-Océan kämpfen die Grünen gegen die Verbetonierung der Küste zu einem neuen Ferien-Großzentrum. Bisher nicht mit sehr viel Erfolg.

Am Binnensee Etang de Cazaux (Gironde) dröhnen Kampfflugzeuge vom Militärflughafen Sanguinet über Erholungsuchende. Hier hat die Force de frappe einen Teil ihrer Atombomber stationiert. Ein paar Kilometer weiter südlich wird bei Biscarrosse ein riesiges Waldgebiet mit einer Raketenbasis von doppeltem Stacheldraht umzäunt. Im dahinterliegenden Binnensee ragen zahlreiche Fördertürme in den Himmel: Frankreichs größtes Erdölfeld. Weiter südlich Richtung Biskaya schwemmt der Atlantik Tonnen von Plastikmüll an. Der Wind fegt das unerfreuliche Strandgut in die Dünenlandschaft. Und wenn man in die erfrischende Brandung springt, kann es passieren, daß man mit klebrigen Ölflecken unter den Sohlen aus dem Wasser geht. Vermutlich Reste von Altöl, das irgendein Kapitän auf dem Atlantik ins Meer abgelassen hat.

Und dann wäre da noch die ungestüme Leidenschaft der Aquitanier zur Jagd, die sich auch durch staatliche Verbote nicht zügeln läßt und der besonders die im Herbst südwärts ziehenden Singvögel zum Opfer fallen. Auch das heimliche Fischen geschützter Süßwasserkrebse in der Dordogne gehört in dieses Kapitel.

Was tut man gegen all das? Genausowenig wie bei uns. Der Liter bleifreies Benzin ist in Frankreich sogar noch teurer als das verbleite Super. Ein geschärfteres Umweltbewußtsein setzt sich nur langsam durch.

Orte und Ziele in der Umgebung

Arcachon

Besuch in Arcachon an einem heiteren Frühsommertag. Das Städtchen erstirbt in mondäner Langeweile. Vor einem Café am Hafen nehmen einige Jachtbesitzer ihren Kaffee – in weißen Leinenhosen und blauem Blazer. Man blinzelt ein wenig auf das sonnengeflutete Panorama, auf das einmalige Rund der Bucht von Arcachon, hinter deren schmaler Öffnung nach Westen die wütende Brandung des Ozeans lauert. Schön, na und? Diese Aussicht hat man ja jeden Tag. Das Abendessen wird hinter Fassaden eingenommen, die dem Touristen stumm klarmachen: bis hierhin und nicht weiter. Als dieser Frühsommertag zu Ende geht, ist es still auf der breiten Uferpromenade. Die Welt bleibt heil und in ihrer gewohnten Ordnung. Impressionen aus Arcachon in der Vorsaison.

Die kleine Stadt kann ihr Volumen so phänomenal vergrößern wie ein Luftballon. Im Juli/August drängen sich bis zu 300 000 Menschen an den Stränden, in den Gassen und Kneipen des Orts. Im Herbst, Winter und Frühling leben hier knapp 14 000 Menschen – und die verblaßte Erinnerung an bessere Zeiten.

Damit keine Zweifel entstehen: Arcachon ist einer der interessantesten Orte an der französischen Atlantikküste. Im Sommer das größte, vielseitigste und betriebsamste Bad der Côte d'Argent; das Vorzimmer zum Ozean für wohlhabende Bordelaisen, die ihre Jacht im Hafen dümpeln lassen. Der Ort bietet an touristischer Infrastruktur so ziemlich alles, was man an den Stränden Aquitaniens überhaupt erwarten kann. Dazu gehört auch mehr Massenbetrieb, als manchem recht ist. Aber obwohl Arcachon nicht breitflächig angelegt ist, verstellt hier keine Hotelburg und kein Betonklotz die Aussicht auf Meer und Himmel. Im Süden thront die gewaltige Düne von Pilat über der Stadt, in deren gepflegten Vorgärten sich Palmen in der Brise des Ozeans wiegen.

Der Tourismus hat aber nur die Ville d'été erobert, die Sommerstadt mit ihren schmalen Straßen, den Supermärkten, Crêperien, Snackbars, einfachen Restaurants und Diskos. An den Stränden mischt sich die Jugend der Region unter die Altersgenossen aus Paris und dem Ausland. Das Casino im Zuckerbäckerstil lockt mehr Foto- als Spielsüchtige an, die anschließend zum alten Fischereihafen pilgern und dann noch das Meer der Jachten an rund zweitausend Liegeplätzen ablichten. Man beschließt diesen Abend auf der großen Uferpromenade, blickt in die Abendsonne und hört ehrfürchtig auf das ferne Rauschen der Atlantikwellen, während weiter unten am Strand die Liebespaare schmusen.

Das ist die eine Seite von Arcachon.

Arcachon

Und die andere? Oberhalb der Sommerstadt breitet sich die Ville d'hiver aus, die Winterstadt: feudale Villen und Grundstücke, die nur sehr selten vermietet werden. Und wenn, wer sollte es bezahlen? Zentrum der Ville d'hiver ist der Park des alten Casinos, das vor etlichen Jahren abgebrannt ist. Von hier aus ist man schnell in einem gepflegten Wald und auf dem nicht minder gepflegten Golfplatz.

Die Winterstadt hat im Prinzip Arcachon gegründet. 1841 wohnten in dem kleinen Fischernest mit seinem natürlichen Hafen nur 112 Menschen. Dann entdeckten die Reichen aus Paris und Bordeaux den Ort und den Fischreichtum der Bucht. Während der Belle Epoque war es en vogue, in Arcachon einen Feriensitz zu haben. Diese bourgeoise Atmosphäre hat sich an den siebzig Kilometer langen Ufern der Bucht bis heute erhalten.

Berühmt wurde Arcachon jedoch wegen seiner Austernzucht. Die Muscheln fühlen sich in der 15 000 Hektar großen Bucht (bei Flut) besonders wohl. Bei jeder Flut spült der Atlantik 370 Millionen Kubikmeter Salzwasser in das Bassin d'Arcachon. Bei Ebbe – nun hat die Wasserfläche nur noch 4900 Hektar – strömt das Süßwasser mehrerer Bäche und des Flüßchens Eyre durch das Becken. Diese Bedingungen lassen die Austern besonders gut wachsen. Sie leben auf Bänken, die insgesamt 1750 Hektar groß sind.

So gehört denn auch ein Austernessen in Arcachon zu den unwiderruflichen Glücksmomenten, ebenso wie das kleine Plaisir des Bummelns, des Sehens und Gesehenwerdens, der schüchterne Einsatz im Casino, das Erklimmen der Düne von Pilat und später in der Abenddämmerung ein kleiner ironischer Beobachtungs-Kaffee am Jachthafen, wenn sich der diskrete Charme der Bourgeoisie einigelt.

Sehenswertes

 Auf dem Freizeitgelände La Hume können Sie in einem nachgebauten mittelalterlichen Dorf Kunsthandwerkern bei der Arbeit zuschauen. Außerdem gibt es einen Kinderzoo und ein Schwimmbad mit Rutsche.
Mitte Juni – Mitte Sept. 10–12 Uhr und 14–19 Uhr
Eintritt 30 FF

Treffpunkte

Bei Sonnenuntergang ist die tamariskenbestandene Strandpromenade des Boulevards Gounouilhou und des Boulevards Veyrier-Montagnères besonders schön. Seeleute und Freizeitskipper können Sie im alten Fischereihafen und dem danebenliegenden Jachthafen treffen. Lebhaft geht es in der Markthalle im Ortszentrum zu, wo täglich fangfrischer Seefisch und Meeresfrüchte angeboten werden.

Museum

Aquarium und Tiermuseum Ausstellung der Fischarten der Bucht und des Atlantiks; umfangreiche Vogel-, Fisch- und Schlangensammlung aus der Umgebung sowie eine Abteilung für Austern.

Die höchste Düne Europas erhebt sich in Pilat-Plage 114 Meter hoch über den Atlantik

Arcachon

Rue du Professeur-Jolyet
Tel. 56 83 10 22
April, Mai, Sept. 10–12 Uhr und 14–20 Uhr; Juni, Juli, Aug. 10–20 Uhr
Eintritt 10 FF

Spaziergang

Am Strand entlang gelangen Sie in südlicher Richtung nach Pyla-sur-Mer. Ein gepflegter Ort, der sich ohne erkennbaren Übergang an Arcachon anschließt. In Pilat-Plage erhebt sich die Dune de Pilat 114 m über den Atlantik: ein mächtiger, fast vier km langer Rücken aus feinem, mehligen Sand, die größte Düne Europas und für viele eine der Hauptattraktionen Aquitaniens. Es kostet Kraft, die Düne zu erklimmen – aber es lohnt sich. Besonders eindrucksvoll ist die Stunde des Sonnenuntergangs. Sie haben einen herrlichen Ausblick auf das Meer und den westlich gelegenen Kiefernwald, der die Wanderung der Riesendüne stoppen soll. In Pilat-Plage gibt es ein ruhiges Lokal, *Corniche*, mit Ausblick auf die Bucht von Arcachon. Die Fischspezialitäten können auch im Freien genossen werden. Übernachtungsmöglichkeiten bieten 15 Zimmer.

Corniche
Pilat-Plage
Tel. 56 22 72 11
2. Kategorie
23. März–Ende Okt. Mi geschl., außer Juli/Aug.

Restaurants

Bayonne Einfaches, aber gemütliches Lokal mit typischer Küche der Gironde, vermietet auch Zimmer.
9, cours Lamarque
Tel. 56 83 33 82
2. Kategorie
24. März–1. Okt. Di–So; 1. Juni bis 31. Aug. tgl.
Chez Boron Gehobenes Restaurant der Bordelaiser Küche.
15, rue du Professeur-Jolyet
Tel. 56 83 29 96
1. Kategorie
März–Mitte Jan., Mi. geschl., ausgenommen Festtage während der Saison
Chez Yvette Hübsches Lokal in der Stadtmitte, exzellente Fischküche. Das Meeresgetier kommt vom Fischer direkt zum Koch. Spezialitäten: Fruits de Mer, Austern, Seezunge mit Steinpilzen. Gutes Preis-Leistungs-Verhältnis.
59, bd. du Général-Leclerc (an der Post)
Tel. 56 83 05 11
1. Kategorie
Betriebsferien im Jan.
L'Ombrière Das Fischrestaurant ist nur eine Minute vom Strand entfernt, man kann draußen essen.
79, cours H. de Thury
Tel. 56 83 42 52
2. Kategorie
Mi geschl., Betriebsferien 15.–31. Jan.

Hotels

Arc-Hôtel Direkt am Strand, nahe Jachthafen und Casino, 30 Zimmer, geschmackvoll eingerichtet. Schwimmbad direkt an der Terrasse.
89, bd. de la Plage
Tel. 56 83 06 85
1. Kategorie
Ganzjährig geöffnet
Le Gascogne Modernes Hotel mit Restaurant.
79, cours H. de Thury
Tel. 56 83 42 52
2. Kategorie
Ganzjährig geöffnet
Le Nautic Angenehmes Haus in guter Lage, direkt am Hafen. 36 Zimmer. Gutes Preis-Leistungs-Verhältnis.
20, bd. de la Plage
Tel. 56 83 01 48
2. Kategorie
Ganzjährig geöffnet
Les Vagues Eines der schönsten Hotels von Arcachon. Direkt am Strand. Bar mit Panoramablick. Sonntagvormittag großer Brunch.

Arcachon

Absolut ruhig gelegen. 30 komfortabel ausgestattete Zimmer.
9, bd. de l'Océan
Tel. 56 83 03 75
1. Kategorie
Ganzjährig geöffnet

Am Abend
Im Juli und August herrscht Hochbetrieb. Eine Vielzahl von Nightclubs und Diskos bieten Abwechslung vom Strandleben. Im Casino, das nach einem Brand neu aufgebaut wurde, wird Boule, Roulette und Baccara gespielt.
La Caravelle Die Diskothek befindet sich im Casino.
Casino
Plage 163
Tel. 56 83 41 44
Le Cyclone Diskothek in Strandnähe.
177, bd. de la plage
Tel. 56 22 58 93

Service
Auskunft
Syndicat d'Initiative
Pl. Franklin Roosevelt
Tel. 56 83 05 27
Autovermietung
Europcar
4, bd. Mestrézat
Tel. 56 83 29 96
Jugendherberge
Cap-Ferret
87, av. de Bordeaux
Tel. 56 60 64 62
Taxi
Am Bahnhof
Tel. 56 83 30 03
Veranstaltungen
Ostern: Schiffsausstellung, guter Markt für gebrauchte Boote
Juni: Weinfest
Während der Hochsaison finden ständig Segel- und Motorbootregatten statt.
15. August: großes Meeresfest
Juli/Aug.: Pferderennen, Folklore, Feuerwerk
Sept.: Festival der Sport-Videofilme

Ziele in der Umgebung
Andernos-les-Bains Ein etwas altmodisch wirkender, jedoch äußerst sympathischer Badeort mit schönen Alleen und vier km Strand. Romanische Kirche Saint-Eloi (12. Jh.), in der Nähe die Fundamente einer galloromanischen Kirche (4. Jh.). Kleiner Austernhafen. Im Sommer lebhaftes Nachtleben.
Arès Beliebter Ausgangspunkt für hübsche Waldspaziergänge. Ein Wanderweg führt ins Médoc. Kleiner Sandstrand, Austernhafen.
Audenge Hübscher Ort mit Austernhafen. Sehenswert ist das Château de Certes aus dem 16. Jh. Tip: Frischer und preiswerter können Sie die Austern nirgendwo essen.
Cap-Ferret Fischereiort in einzigartiger Lage gegenüber von Arcachon an der Südspitze der Landzunge. Cap-Ferret war früher der Sommerort der Reichen aus Bordeaux, dem Médoc und Paris. Der großbürgerliche Stil des Dorfes ist noch erkennbar. Nur wenige Hotels, dafür mehr Ferienhäuser. Unbedingt den Leuchtturm anschauen – und erklimmen (Fahrstuhl). Das Turmlicht reicht 50 km weit über den Atlantik. Von der 52 m hohen Plattform wunderschöner Blick auf das Meer, die Bucht und die Düne von Pilat. Bademöglichkeiten an beiden Seiten des Ortes. Der Strandabschnitt am Atlantik ist bewacht – oft starker Seegang. Beliebter ist der flache Sandstrand zur Bucht. Von Arcachon ist Cap-Ferret nur mit der Fähre zu erreichen – Autos sind nicht erlaubt. Fahrzeit: 40 Min.
Ile aux Oiseaux Die Vogelinsel inmitten des Bassins von Arcachon. Naturschutzpark für seltene Vögel (→ Natur und Umwelt). Nur mit dem Boot zu erreichen.
Le Teich
Naturschutzpark im Mündungsdelta des Flusses Eyre. 11 km östlich von Arcachon über die D 650 (→ Natur und Umwelt).

Bayonne

Von Norden her sollte man kommen, vielleicht aus Hossegor oder Capbreton, aus einem der hübschen Seebäder in der Nische der Biskaya. Und es sollte am Vormittag sein, wenn das Licht noch etwas glasig ist. Man fährt zunächst durch die typische französische Vorstadt, vorbei an Tankstellen, Möbel-Großmärkten und Einkaufszentren. Irgendwann weitet sich die Straße, man fährt über einen Place de la République – und hat wieder einmal dieses Ansichtskarten-Erlebnis: ein breiter Fluß, eine alte Brücke und dahinter ein pittoreskes Panorama, wie für eine historische Ausstellung zurechtgebastelt: altes Gemäuer, Türme, Tore, Fassaden. Alles sieht bedeutend und ehrwürdig aus.

Aber es lebt. Um uns herum dieser fürchterliche Verkehr, lautes Hupen, südländische Gestik, vor allem keine Parkplätze. Tausend Jahre Geschichte, die nicht für Museumsführungen aufgeputzt wurde, sondern chaotisch weiterpulsiert.

Für einen deutschen Touristen ist es immer wieder ein Phänomen, wie eine Stadt in Frankreich mit ein paar tausend Einwohnern es schafft, ein solch lebhaftes Ambiente zu verbreiten. In Bayonne wohnen 43 000 Menschen, aber es wirkt auf den Besucher, als käme er aus den Dörfern des Gebirges zum Mittelpunkt der Welt.

Vielleicht liegt es auch daran, daß dieser Fluß so ungezähmt wirkt. Im Vergleich mit so manchen zu Kanälen degradierten Flüssen sieht der Adour aus wie ein Fluß, der – kurz vor der Mündung – am Ende seiner Tage seine Breite und seine Launen immer noch selbst bestimmt. Der Adour, die Lebensader des Baskenlandes, die so oft den Tod brachte. »Vagabund« nennt die französische Geschichte den Adour, weil er sich einfach nicht entscheiden konnte, ob er bei Port d'Albret oder bei Bayonne in den Atlantik fließen wollte. Diese Laune der Natur hat in jedem Frühjahr vielen hundert Menschen das Leben gekostet, bis man den Pyrenäenfluß 1578 kanalisierte und ihn bei Bayonne-Boucau zur Mündung ins Meer zwang. Damit nahm es auch mit Bayonne den richtigen Aufschwung.

Die Stadt gab es weit vorher. Sie war seit den Tagen Karls des Großen ein wichtiger strategischer Punkt zwischen der arabischen (Spanien) und großfränkischen Welt. Eine befestigte Bastion auch gegen jenes wilde Bergvolk, das jeden Eindringling zu meucheln trachtete: die Basken. Heute ist Bayonne die Hauptstadt der französischen Basken, und während der unseligen Epoche Francos bot sie den spanischen Brüdern stets Exil.

Stadt der Basken – man mag es kaum glauben. Die Architektur von Bayonne ist nordfranzösisch, zumindest die ihrer höchsten Punkte. Eine gotische Kathedrale, eine alte Festung mit jenen runden Wehrtürmen, wie wir sie aus Picardie kennen. Aber so ist das, wenn die Eroberten die Eroberer erobern.

Als in jenen Tagen der Adour bezwungen wurde, nahm Bayonnes Schicksal als Hafenstadt seinen Lauf. Die Lage der Stadt war ideal. Ein weiterer Pyrenäenfluß, die Nive, mündet direkt in Bayonne in den Adour. Die Verkehrswege vom alten großen Gebirge zum Atlantik und damit zur Welt waren erschlossen. Bis Ende des 17. Jahrhunderts fuhren die Walfangschiffe mit ihrer Beute vom Biskaya-Golf die paar Kilometer vom Atlantik den Adour hinauf nach Bayonne. In Bayonne wurden die Besatzungen für dieses gefährliche Geschäft angeheuert, hier wurde auch der Fang verwertet. Die Zeiten sind vorbei – es gibt keine Wale mehr in der Biskaya.

So schlendern wir durch die alte Stadt, streichen durch die Gassen, die stets an der Cathédrale Sainte-Marie enden. Wir überqueren mitten in der Altstadt den Lauf der Nive, bummeln an der nächsten Brücke zurück, wieder durch eine der engen Fußgängerstraßen, kaufen vielleicht in einer Metzgerei zwei, drei sorgfältig geschnittene Scheiben Schinken, die wir im Parc de Mousserolles hinter dem neuen Schloß verzehren, und möchten sicher noch ein paar Tage bleiben, nur um zu sinnieren, wie baskisch oder wie französisch Bayonne wohl in hundert Jahren sein wird. Leider ist die Parkuhr in der Rue Thiers abgelaufen, auf dem Parkplatz neben dem Stadtbüro der Air France. So gehen wir zurück. Über die Stege des schmalen Laufs der Nive, vorbei an der Kathedrale und am alten Schloß, fahren über die geschwungene Adour-Brücke den neuen »Mittelpunkten« dieser Welt entgegen. Und lassen Bayonne hinter uns, die kleine, große Stadt der jungen und alten Geschichte.

Sehenswertes

Cathédrale Sainte-Marie Ein Dom, der deutlich die Merkmale der nordfranzösischen Gotik trägt. Im 13. und 14. Jh. errichtet. Die spitzen Kirchtürme kamen erst im 19. Jh. hinzu. Bemerkenswert: Chor, Triforium und der guterhaltene Kreuzgang im Innenhof der Kathedrale.
Im Zentrum
So nachmittags geschl.

Eglise Saint-Esprit Kirche aus dem 15. Jh., im Innern kostbare Holzschnitzereien.
Faubourg Saint-Esprit
So nachmittags geschl.

Vieux Château Mittelalterliche Festung, die auf den Grundmauern einer römischen Wallanlage erbaut wurde. 1680 von dem Festungsbaumeister Vauban erneuert. Da sich dort heute der Verwaltungssitz befindet, können die Räume nicht besichtigt werden.
Im Zentrum

Treffpunkte

In Bayonne trifft und sieht man sich in der Arkadenstraße Rue du Port-Neuf.

Museen

Musée Basque Es gilt als eines der schönsten volkskundlichen Museen Frankreichs. Man erfährt fast alles über Lebensweise und Bräuche der Basken, über ihren Hexenglauben, das Pelotaspiel und den Walfang. Nur ihr geheimnisvoller Ursprung bleibt im dunkeln.
Rue Marengo
Tel. 59 59 08 98
Zur Zeit wegen Renovierung geschl.

54 Bayonne

Musée Bonnat Eine kostbare Sammlung von Gemälden großer Meister, die der Maler Léon Bonnat (1833–1922) seiner Vaterstadt Bayonne vermacht hat. Werke von Rubens, van Dyck, Rembrandt, Goya, Delacroix und anderen; Graphiken aus Frankreich, Italien, Deutschland und den Niederlanden; griechische, römische und ägyptische Antike.
5, rue Jacques Laffitte
Tel. 59 59 08 52
15. Juni–10. Sept. Mo–Mi 10–12 Uhr, 16–20 Uhr; 11. Sept.–14. Juni Mo–Mi 13–19 Uhr, Fr bis 22 Uhr, Sa, So 10–12 Uhr, 15–19 Uhr; an Feiertagen geschl.
Eintritt 6 FF

Einkaufen

Die schönste Einkaufsstraße von Bayonne ist die Rue du Port-Neuf. In den Arkadengängen gibt es zahlreiche hübsche wie auch exklusive Geschäfte. Empfehlenswert: Bayonner Schinken – und die Schokolade. Bayonne hat als erste Stadt Frankreichs mit der Kakaoverarbeitung begonnen. Uralte Tradition im Herstellen erstklassiger Schokoladenprodukte.

Spaziergang

Von der alten Festung, vorbei an der Kathedrale zum Nive-Ufer, auf der rechten Seite ein kurzer Bummel am Flußlauf, dann über die Pont Marengo zur Rue du Port-Neuf. Weiter bis zur Place Général de Gaulle, über den Platz zur Avenue M. Leclerc am Ufer des Adour. Schöner Blick auf die Pont St-Esprit und die Zitadelle St-Esprit auf der anderen Seite des Flusses.

Restaurants

Beluga Elegantes Restaurant in einem Alt-Bayonner Haus. Ausgezeichnete Küche.
15, rue de Tonneliers (Altstadt)
Tel. 59 25 52 13
1. Kategorie
So und im Jan. geschl.
Le Cheval blanc Jean-Claude Tellechea verwendet nur regionale Produkte, die er liebevoll zubereitet. Tip: Milchlamm aus den Pyrenäen, Atlantikhummer, frisches Huhn gefüllt mit Gänseleber und Steinpilzen in baskischer Sauce.
68, rue Bourgneuf
Tel. 59 59 01 33
1. Kategorie
Mo und 9. Jan.–6. Feb. geschl.
François Miura Einfaches Haus – aber eine gute, traditionelle Küche der Basken.
29, rue des Cordeliers
Tel. 59 59 49 89
3. Kategorie
So abends und Mi geschl. sowie im Juli und über Weihnachten
La Tanière Elegant ausgestattetes Restaurant mit regionaler Küche am Ufer des Adour.
53, av. du Capitaine-Resplandy
Tel. 59 59 78 94
2. Kategorie
Mo abends und Di (außer an Feiertagen) geschl. sowie 1. Märzhälfte und 2. Junihälfte

Hotels

Aria 84 zweckmäßig eingerichtete Zimmer in einem Neubau.
Route de Pau
Tel. 59 55 22 70
2. Kategorie
Über Weihnachten geschl.
Hôtel des Basses-Pyrénées Das kleine Hotel liegt innerhalb der Wehrmauern. Angenehme Zimmer mit rustikalen Möbeln; Restaurant mit baskischen Spezialitäten
1, pl. Victoire
Tel. 59 59 00 29
3. Kategorie
Ganzjährig geöffnet
Loustau Gutbürgerliches Haus auf der anderen Adour-Seite gegenüber

Bayonne

dem alten Bayonne. 46 Zimmer, hübsche Bar.
1, pl. de la République
Tel. 59 55 16 74
2. Kategorie
Ganzjährig geöffnet
Mercure Agora Modernes Hotel mit Garten und Terrasse am Ufer der Nive. 110 gut ausgestattete Zimmer.
Av. Jean-Rostand
Tel. 59 63 30 90
2. Kategorie
Ganzjährig geöffnet

Service
Auskunft
Syndicat d'Initiative
Pl. de la Liberté
Tel. 59 59 31 31
Autovermietung
Europcar
5, rue Hugues
Tel. 59 55 38 20
Flughafen
Bayonne–Biarritz–Anglet
Tel. 59 23 90 67
Fluglinien
– Air France
Tel. 59 24 29 06
– Air Inter
Tel. 59 24 29 03
Taxi
Tel. 59 59 48 48
Veranstaltungen
31. März–2. April: großer Schinkenmarkt
Ende Juli: Internationales Folklorefest
3.–7. August: das große Fest von Bayonne mit Pelota-Spielen, Stierkampf

Ziele in der Umgebung
Anglet Zwischen Bayonne und Biarritz liegt Anglet am Meer. Die drei Orte sind praktisch schon zusammengewachsen. Anglet hat sehr schöne Strände und gute Sportmöglichkeiten. So den Golfplatz Chiberta, einen Galopprennplatz und eine Kunsteisbahn. Anglet ist das Naherholungsgebiet von Bayonne. Als Urlaubsort ist es weniger zu empfehlen, da Ort und Strände vor allem im Juli und August zu überlaufen sind.
Cambo-les-Bains Malerischer Ort in den Vorpyrenäen mit typischen Baskenhäusern, die an den Schwarzwald erinnern. Sehenswert ist die Villa Arnaga des französischen Dichters Edmond Rostand. Rostand ließ um die Jahrhundertwende seinen berühmten französischen Garten (jardin à la française) anlegen mit einem Ausblickspavillon auf den Mont Ursuya.
Saint-Jean-Pied-de-Port Die ehemalige Hauptstadt von Navarra ist ein bezauberndes Städtchen mit alten Häusern, romantischen Brücken und befestigter Kirche. Der Ort wird von einer Zitadelle aus dem 17. Jh. überragt. Die kleine Stadt ist eine Art Rothenburg o. d. Tauber. Sie liegt an der Nive am Fuße des Passes von Roncevaux, an dem einst Roland von den Basken getötet wurde. Die Sage vom treuen Gefolgsmann Karls des Großen und das Rolandslied haben hier ihren Ursprung.
Saint-Jean-Pied-de-Port ist ein beliebtes Ziel für Bustouristen aus Bayonne, Pau oder von der Küste. Auch Wanderer, Angler und Pyrenäen-Jäger suchen hier Erholung.
Einen guten Ruf genießt das Hotel/Restaurant *Les Pyrénées*, das bekannt ist für seine baskischen Spezialitäten, z. B. warme Pasteten von Steinpilzen, gebratene Taube mit Knoblauchgemüse, grillte Gänseleber auf Artischocken. Das Hotel hat 2 angenehme Appartements und 25 Zimmer.
Les Pyrénées
19, pl. Général de Gaulle
Tel. 59 37 01 01
1. Kategorie
Mo abends (Nov.–März) und Di (außer feiertags und 1. Juli–15. Sept.) geschl.

Biarritz

Biarritz, das größte und berühmteste Seebad an der französischen Atlantikküste, lockt mit dem Charme einer großen, alten Dame. Es hat einmal bessere Zeiten gesehen und lebt ein wenig von seiner feudalen Erinnerung. Doch La Grande Plage, der feinsandige Strand, ist auch heute noch Treffpunkt der Schönen und Reichen, Jungen und Alten.

Seit den dreißiger Jahren des 19. Jahrhunderts besuchte die spanische Gräfin de Montijo das bescheidene Seebad und Fischerdorf. Ihre Tochter Eugénie, die 1853 Kaiser Napoleon III. heiratete und mit ihm in Biarritz ihren Urlaub verbrachte, machte den Ort zur Sommerfrische des europäischen Hochadels – zum »Seebad der Könige und zur Königin der Seebäder«. Das milde Klima, die üppige Vegetation, im Hintergrund die Pyrenäen, eine malerische Bucht: So liebten es die Oberen Zehntausend vor hundert Jahren.

Die Pracht ist mittlerweile abgebröckelt. Biarritz hat sich dem Massentourismus zugewendet. Viele noble Bauwerke der Belle Époque mußten seitdem kasernenartigen Renditeobjekten weichen, aus Grünflächen wurden Parkplätze, aus Spazierwegen Autostraßen. Doch die Natur hat Biarritz so reich bedacht, daß selbst die Sünden der Vergangenheit die Schönheit von einst nicht überdecken können.

Sehenswertes

Pointe St-Martin Die Felsspitze liegt auf der anderen Seite der Bucht, gegenüber dem Plateau de l'Atalaye. Dazwischen befindet sich der Ort Biarritz. Von dem Leuchtturm (73 m) auf der Anhöhe hat man einen grandiosen Blick bis zu den Pyrenäengipfeln. Der Turm kann von Anfang April bis Ende Juli bestiegen werden.

Treffpunkte

Ganz klar: Man trifft sich am Großen Strand. Hier sind die verrücktesten Typen und die attraktivsten Sonnenfans zu bewundern.

Museum

Musée de la Mer Das Meeresmuseum informiert über die Geschichte des Golfe de Gascogne, über Fischfang und Technik, zeigt alte Seekarten und Schiffsmodelle. Im Aquarium sind Meerestiere zu beobachten. Der Blick vom Plateau de l'Atalaye ist herrlich.
Plateau de l'Atalaye
Tel. 59 24 02 59
Tgl. 9–12 Uhr, 14–17 Uhr
Eintritt 22 FF

Spaziergang

Einen schönen Bummel bietet *La Perspektive*, die Promenade südlich der Stadt. Sie geht oberhalb der Plage de la Côte de Basque als Terrassenstraße am Meer entlang.

Restaurants

L'Alambic Es ist nicht einfach, in Biarritz gut und dennoch preiswert zu essen. Im L'Alambic jedoch tischt Pierre Laporte schmackhafte Paella, Entrecôte mit Auberginengratin und eigenes Zuckerbackwerk auf.
3, pl. Bellevue
Tel. 5 92 43 46
3. Kategorie
26. März–30. Okt. tgl. außer Mo

Auch im turbulenten Badeort Biarritz findet man noch ruhige Buchten

La Baleine Bleue Hübsches, modernes Lokal, Terrasse mit großartigem Blick auf den Ozean. Besonders gut die Fisch- und Muschelgerichte.
10, pl. Ste-Eugénie
Tel. 59 22 03 89
3. Kategorie
Di geschl. und von 4. Jan.–15. März

Chez Philippe Geschmackvoll eingerichtetes, charmantes Restaurant in der Innenstadt. Junge, unkonventionelle Küche, gutes Preis-Leistungs-Verhältnis. Spezialitäten sind u. a.: Gazpacho, Salat von Meeresfischen und Krustentieren, Lammfondue.
5, rue du Centre
(hinter den Markthallen)
Tel. 59 24 02 03
3. Kategorie
Sa geschl.

Hotels

Eurotel Modernes Hotel ohne besondere Atmosphäre, aber direkt am Meer. 60 Zimmer mit Kochnische.
19, av. de la Perspective
Tel. 59 24 32 33
1. 11.–15. 3. geschl.
1. Kategorie

Grandhôtel du Palais In der ehemaligen »Villa Eugénie« können Sie auf den Spuren der Kaiserin wandeln. Das Grandhôtel ist eines der großen europäischen Luxushotels. Einst konnte man wie in einer Loge Kaviar und Champagner genießen und vom Felsen auf die Brandung des Atlantiks hinabblicken. Auch heute hat das Hotel eine edle Pool-Terrasse über dem Strand. Die Auffahrt zur Empfangshalle scheint nur für Rolls-Royce prädestiniert. Sollten Sie sich für eine Übernachtung interessieren – bitte sehr: Ihnen stehen 25 Appartements zu circa 5000 FF und 125 Zimmer bis über 2000 FF zur Verfügung.
1, av. Impératrice
Tel. 59 24 09 40
Luxuskategorie
April–Okt.

Palacito Modernes, zentral gelegenes Hotel, 26 Zimmer zu günstigen Preisen.
1, rue Gambetta
Tel. 59 24 04 89
3. Kategorie
5.–15. Jan. geschl.

Plaza Das gepflegte Haus in Strandnähe bietet 60 moderne Zimmer.
Av. Edouard VII
Tel. 59 27 74 00
2. Kategorie

Hotel Régina

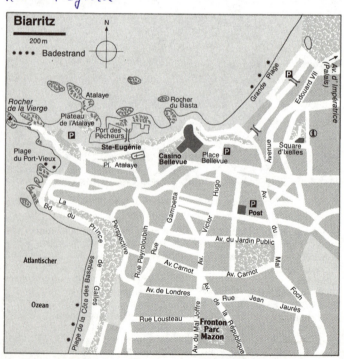

Am Abend
Im Biarritz gibt es eine Reihe von Diskotheken und Nachtclubs:
La Canasta
5, rue Garderes,
Tel. 59 24 04 05
Le Caveau
4 rue Gambetta
Tel. 59 24 16 17
Copacapana
Av. Edouard VII,
Tel. 59 24 65 39
Le Boabab
Casino Bellevue,
Tel: 59 24 11 22
Opium
1, bd. Général de Gaulle,
Tel. 59 24 74 90
Le Sully Wer kurz vor Mitternacht noch etwas essen möchte, kann dies in dem etwas altmodischen Lokal der Madame Colorado.
2, pl. de L'Hôtel de Ville
Tel. 59 24 16 47

Service
Auskunft
Syndicat d'Initiative
sq. Ixelles
Tel. 59 24 20 24
Autovermietung
Europcar
Am Flughafen
Tel. 5 93 23 90 68
Fluglinien
– Air France
Tel. 59 23 93 82
– Air Inter
Tel. 59 33 14 03
Jugendherberge
64600 Anglet
19, rte. des Vignes
Tel. 59 63 86 49
Taxi
Tel. 59 23 62 62
Veranstaltungen
Im Juli großes Pelotafestival und baskisches Folklorefest

Ziele in der Umgebung
Saint-Jean-de-Luz Ein Badeort der Spitzenklasse mit sehr schönem Strand. Die gut erhaltenen baskischen Häuser erinnern an Oberbayern oder die Schweiz. Der Ort ist attraktiv durch seine landestypischen Gassen und Plätze, durch gute Hotels und Restaurants und ein vielseitiges Nachtleben. In den Straßencafés auf der Place Louis XIV trifft sich die Jugend.
Eine große Vergangenheit hat der Fischereihafen. Von hier aus starteten die Schiffe der baskischen Walfänger in die Biskaya und folgten ihrer Beute bis an die arktischen Küsten Nordamerikas. Als die Konkurrenz der Engländer und Holländer zu stark wurde, verlegten sich die Fischer von St-Jean-de-Luz auf Sardinenfang und Seeräuberei. Heute hat sie die Fischerei wieder; der Ort besitzt die größte Thunfischfangflotte Frankreichs.
Sehenswert ist auch die Kirche Saint-Jean-Baptiste, ein Gotteshaus aus dem 13. Jh., das innen total renoviert wurde: dreistöckige Holzbalustraden, vergoldeter Hochaltar und Holzlüster – alles im Hochbarock. 1660 wurde in der schönsten Kirche des Baskenlandes der Sonnenkönig Louis XIV mit der spanischen Infantin Maria Theresia vermählt.
Wenn Sie in St-Jean-de-Luz übernachten wollen, bieten sich neben dem *Madison* und dem *Le Prado* zahlreiche gute Hotels an.
Madison Traditionelles Hotel am Rande der Altstadt, 2 Min. bis zum Strand. Mit hübschem Frühstückssalon und finnischer Sauna. 25 komfortable Zimmer.
25, bd. Thiers
Tel. 59 26 35 02
1. Kategorie
Ganzjährig geöffnet
Le Prado Hotel direkt am Meer, Zimmer mit guter Aussicht. Bar-Terrasse, 38 Zimmer.
Pl. de la Pergola
Tel. 59 51 03 71
2. Kategorie
Ganzjährig geöffnet

Bordeaux

Die Wolkenbrüche über dem Zentralmassiv haben die Garonne schmutzig-braun aufgewühlt, und sie trägt still grollend ihre schwere Last zum Ozean hin. Lieblich ist dieser Strom nie. Ein Riese kann nicht lieblich sein. Finster und stolz durchzieht die Garonne Aquitanien, als wolle sie die Geheimnisse in ihrem tiefen Schoß nie preisgeben. Ein Fluß mit Charakter. Vorbild und Quelle jener Stadt, deren Seele seit zweitausend Jahren der abweisende Fluß ist und bleiben wird. Bordeaux, Hauptstadt Aquitaniens, historische Konkurrentin von Paris. Hundert Kilometer vom Ozean entfernt, hat sie sich am Zusammenfluß von Garonne und Dordogne breitgemacht, als könne danach nichts mehr kommen.

Die Brücke Pont de Pierre überspannt den Fluß, dahinter die breite Silhouette der Stadt, nur aufgelockert durch die Türme ihrer Kirchen und Kathedrale und durch die schlanke Säule des Girondisten-Denkmals. Ein elegantes Bild, aber nicht unbedingt einladend. So wird es, wie bei allen wahren Lieben, eine Liebe auf den zweiten Blick: beim Schlendern durch das Carré der Straßen und Boulevards, beim Ausruhen im Schatten von Saint-André, dem hochgotischen Dom. Beim Kaffee unter der Spitze von St. Michel, die wie ein Ausrufezeichen aus der Stadt herausragt. In der distanzierten Kühle des Grand Théâtre, dem schönsten von Frankreich. Beim Abschreiten der schier endlosen Fassade der Börse. In den Cafés, Restaurants, Bars und Bistros der Stadt. Beim Wein, wenn das leicht blasierte Gebaren im aquitanischen Überschwang untergeht. Beim Flirt, wenn die Mädchen mit dem Oliventeint lächeln wie Eleonore von Aquitanien auf den Ölporträts alter Meister. In der befreienden Weite der Esplanade des Quinconces. In einem kleinen, übervollen Lokal von »Le vieux Bordeaux«. So oder ähnlich erobert man Bordeaux für sich. Die meiste Arbeit muß man zu Fuß tun. Hin zur Porte Cailhau oder ins Musée d'Aquitaine, das Ufer der Garonne entlang. Nur so beginnt man, Bordeaux zu erfassen. Begreifen? Nicht so schnell.

210 000 Einwohner hat die Stadt, etwa 600 000 mit allen Eingemeindungen, aber Bordeaux hat mehr zu bieten als nackte Zahlen. Vor zweitausend Jahren wurde es von den Römern gegründet. Die Legionen des Crassus brachten die Pflanze mit, die bis heute den wirtschaftlichen Reichtum der Stadt ausmacht: die Weinrebe. Wer Bordeaux hört, schnalzt mit der Zunge – und er meint Wein. Für viele der beste der Welt.

Im dritten Jahrhundert n. Chr. wurden im damaligen Burdigala die ersten Kirchen gebaut. Vermutlich auf den Fundamenten heidni-

Auf der Esplanade des Quinconces erinnert das Denkmal der Girondisten an die Helden der Revolution

scher Göttertempel des gallischen Stammes Bituriges Vivici, die 200 v. Chr. die Palisaden um ihre Häuser am Strom zogen.

Nach den Römern kamen die Franken, dann die Araber, wieder die Franken, und wie die Herbststürme vom Ozean fielen die Normannen über die Stadt her, die damals schon weit über 30 000 Einwohner zählte. Ende des achten Jahrhunderts wurde Bordeaux Hauptstadt des von Karl dem Großen gegründeten Königreichs Aquitanien, das später zum Herzogtum herabsank. Damit gehörte Bordeaux zum französischen Königreich – so lange, bis Eleonore von Aquitanien 1152 ihre stolze Stadt als Mitgift in die Ehe mit dem späteren König von England einbrachte.

Bordeaux sollte dreihundert Jahre lang englisch bleiben. Die Bürger, vor allem die Kaufleute, schätzten die Briten, die ihren Wein nicht nur liebten, sondern auch bezahlten, wo andere nur stahlen. Sie mochten und mögen noch immer die angelsächsische Distanz zu Fremden. Keine Angst, das wird schnell überwunden. Und dann ist die Herzlichkeit um so sympathischer.

Seit über fünfhundert Jahren ist Bordeaux wieder französisch – und mittlerweile hat es sich daran gewöhnt. In den letzten Jahrhunderten machten die Bordelaisen die Erfahrung, daß auch die Franzosen ihren Wein bezahlen. Zwar nicht so gut wie die Briten, aber immerhin. Ein paar englische Eigenarten sind geblieben: die Liebe zum Regenschirm zum Beispiel. Die Gelassenheit bei atlantischen Tiefs. Der zeitweilige, abgrundtiefe Blick ins Glas. Und ein Akzent, von dem die Pariser abfällig behaupten, er setze dem Französischen einen englischen Pfropfen auf. Da lächeln die Bordelaisen nur distinguiert und geben sich ohne Widerspruch der eigenen Grandeur hin. Und die ist, naturellement, urfranzösisch. Voilà!

Sehenswertes

Basilika Saint-Michel Weiträumige spätgotische Kirche, erbaut von 1350 bis ins 15. Jh. Im Zweiten Weltkrieg wurde sie durch Bomben beschädigt. Bemerkenswert sind die Glasfenster von Max Ingrand und die kostbare Barockorgel. Neben der Basilika steht der 114 m hohe Glockenturm, von dem aus man einen weiten Blick über die Stadt und den Fluß hat. In der Krypta des Turms befindet sich das »Gewölbe der Mumien«, eine makabre Sammlung von 70 Leichen aus dem 18. Jh.
Place Canteloup
April–Sept. tgl. 10–12 Uhr und 15–19 Uhr

Cathédrale Saint-André Die imposante Kathedrale zeigt Stilelemente mehrerer Epochen. Das einschiffige romanische Langhaus wurde im 11./12. Jh. erbaut, vom 13. bis Anfang des 16. Jh. erhielt es ein gotisches Kreuzrippengewölbe. Querhaus und Chor entstanden nach nordfranzösischem Vorbild zwischen 1250 und 1350. Ebenso das Hauptportal, die Porte Royale mit ihrem reichen Figurenschmuck. Aus der Renaissance stammen Orgelempore und Reliefs (Auferstehung, Christus in der Vorhölle). Der Kirchenschatz enthält kostbare flämische und spanische Handschriften aus dem 15./16. Jh. Neben dem

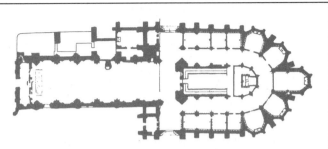
Cathédrale Saint-André in Bordeaux: Das einschiffige Langhaus wurde in der Gotik durch Chor und Querschiff erweitert.

Chor erhebt sich ein freistehender Glockenturm (15. Jh.), der auf seiner 50 m hohen Spitze eine vergoldete Marien-Statue trägt.
Pl. Pey Berland
So nachmittags geschl.
Centre Jean-Moulin Eine Erinnerungsstätte der Kriegsjahre 1940 bis 1945, besonders der Widerstandskämpfer der Region wie Jean Moulin.
Rue des Frères-Bonie
Mo–Fr 14–18 Uhr, an Feiertagen geschl.
Eglise Notre-Dame Eine Kopie der Barockkirche Il Gesú in Rom. Nördlich des Cours de l'Intendance.
So nachmittags geschl.
Eglise Sainte-Croix Die Kirche stammt aus dem 13. Jh., wurde aber im 19. Jh. weitgehend restauriert. Berühmte romanische Fassade mit Darstellung der Sünden und Laster.
Pl. Renaudel
So nachmittags geschl.
Eglise Saint-Seurin Vorhalle und Krypta gehen auf das 11. Jh. zurück, das Kirchenschiff wurde im 13. Jh. gotisch verändert. Die Fassade stammt aus dem 19. Jh., im Chor der Kirche steht ein steinerner Bischofsstuhl aus dem 15. Jh. Alabasteraltar aus derselben Zeit mit 14 Tafeln: Szenen aus dem Leben des hl. Seurin. Sarkophage des 3. und 4. Jhs. und gallisch-römische Säulen und Kapitelle. Neben der Kirche eine frühchristliche Ausgrabungsstätte.
Pl. des Martyrs de la Résistance
So nachmittags geschl.
Esplanade des Quinconces Einer der größten Plätze Europas: 12 000 m². Dort erhebt sich die 43 m hohe Girondistensäule. Vom Platz hat man einen schönen Blick auf die Garonne mit dem Pont de Pierre, der bis 1965 in Bordeaux die einzige Brücke über die Garonne war.
Grand Théâtre Das schönste Theater Frankreichs. 1780 unter der Leitung des Pariser Architekten Victor Louis fertiggestellt. Ein neoklassizistischer Bau, wegen seiner Treppenläufe und Kuppel gilt er als Vorbild für die Pariser Oper. Das Gebäude bildet mit der Place de la Comédie eine beeindruckende architektonische Einheit.
Pl. de la Comédie
Führungen im Sommer täglich um 15 Uhr
Grosse Cloche 41 m hohes Stadttor aus dem 13.–15. Jh. mit sehenswertem Glockenturm. Hier wurde im Mittelalter die Weinlese eingeläutet.
Rue de Saint-James

Bordeaux

Hafen Die günstige Lage am Zusammenfluß von Garonne und Dordogne machte aus Bordeaux eine Hafenstadt ersten Ranges. Der Ozean ist nur 98 km entfernt, zugleich ist die Stadt mit dem Canal du Midi verbunden, der 50 km südlich von Bordeaux in die Garonne mündet. Damit verfügt die Stadt über die kürzeste Verbindung vom Atlantik zum Mittelmeer. Die Hafenanlagen erstrecken sich mittlerweile über 100 km bis hin zu dem modernen Vorhafen Le Verdon, seit über 20 Jahren Anlegepunkt für Container-Dampfer und Tankschiffe bis zu 250 000 Tonnen. Insgesamt erreicht der Warenumschlag (Übersee und Flußschiffahrt) über 25 Mio. Tonnen. Diese Bilanz ist jedoch rückläufig. Frachtschiffe mit einem Tiefgang bis zu 9,5 m können bis zur Stadtmitte fahren.
Hafenrundfahrten mit Ausflügen auf die Garonne und Gironde dauern 1,5 Std. Fahrpreis: 35 FF. Nähere Informationen sind im Tourismusbüro erhältlich.

Hôtel de Ville Ehemaliger Bischofspalast des Erzbischofs Fürst Rohan, erbaut 1773–84. Schöne Treppe, reiche Saaltäfelung mit Bemalungen. Vor der Gartenfront des Palais Rohan liegt die eindrucksvolle Rathausgartenanlage, auf beiden Seiten von galerieartigen Flügeln eingefaßt. Dort sind das Museum der Schönen Künste und das Museum Aquitaniens untergebracht (→ Museen).
Cours d'Albret

Palais Gallein Reste eines römischen Amphitheaters aus dem 3. Jh. Damals faßte es 15 000 Besucher.
Rue du Palais Gallein, westlich des Jardin public

Place de la Bourse Harmonischer Platz in der Nähe des Garonne-Ufers. 1730–55 nach Plänen des Pariser Architekten J. A. Gabriel angelegt. In der Mitte des Platzes ein Brunnen mit den Bronzefiguren der Grazien. Drei große Gebäude mit einheitlicher, zeitloser Fassadengestaltung umgeben den Platz. Rechts das Palais de bourse, der würdige Treffpunkt der Weinhändler. Im Gebäude auf der linken Seite haben die Behörden ihren Sitz. In der Mitte befindet sich das Marinemuseum (→ Museen).

Porte Cailhau Das 34 m hohe Tor ist der Rest eines mittelalterlichen Palastes, den Karl VIII. im Jahr 1495 in einen Triumphbogen umwandeln ließ.
Quai de la Douane

Treffpunkte

Entrepot Lainé Die ehemalige Lagerhalle im lebhaften Quartier Saint-Pierre ist Treffpunkt kunstinteressierter junger Leute. Es gibt hier eine Galerie, wechselnde Ausstellungen und eine Kneipe.
Rue Serrère

Quartier Saint-Michel In dem lebhaften Viertel rund um die Kirche befinden sich zahlreiche kleine Geschäfte, Trödelläden, Kneipen, Bars und Bistros.

Museen

Galérie des Beaux Arts Gemäldeausstellung, besonders sehenswert ist die internationale Ausstellung von Mai bis September.
Place du Colonel-Raynal
Tel. 56 96 51 60
Tgl. außer Di 10–19 Uhr, Mi außerdem 21–23 Uhr

Musée des Arts Décoratifs Kunstwerke und Kunsthandwerk vom Mittelalter bis zum Ende des 18. Jh., reiche Keramik-Sammlung. Möbelausstellung.
33, rue Bouffard
Tel. 56 90 91 60
Tgl. außer Di 14–18 Uhr
Eintritt 12 FF, Mi frei

Musée d'Aquitaine Bedeutende Sammlungen von der Vorgeschichte bis zur Gegenwart. Skulpturen aus der gallisch-römischen Zeit.
Cours Pasteur

Tel. 56 90 91 60
Tgl. außer Di 14–18 Uhr
Eintritt 12 FF
Musée des Beaux Arts Meisterwerke des 15. Jh. bis zur Gegenwart: Tizian, Veronese, Delacroix, Renoir, Bissière. Skulpturen von Rodin und Zadkine. Der Schwerpunkt liegt auf dem 20. Jh.
Cours d'Albret
Tel. 56 90 91 60
Tgl. außer Di 10–12 Uhr und 14–18 Uhr
Eintritt 3,95 FF
Musée d'Histoire Naturelle Mineralogische Sammlung und Ausstellung der Fauna von Aquitanien und der ganzen Welt.
Jardin public
Tel. 56 48 29 86
Tgl. außer Di 14–17.30 Uhr
Eintritt 3,95 FF
Musée de Marine Ausgestellt werden Modelle von Handels-, Kriegs-, Fischerei- und Jachtschiffen, alte Navigationsinstrumente sowie eine umfangreiche Waffensammlung.
Pl. de la Bourse
Tgl. außer Di und Mi 10–12 Uhr und 14–17 Uhr

Einkaufen

Gute und exklusive Geschäfte finden Sie Rue Ste-Catherine, Cours de l'Intendance, Cours Clemenceau, Allée de Tourny, Quartier Mériadeck sowie im Centre Commercial Saint-Christoly. Antiquitäten werden vor allem Rue Notre-Dame, Quartier Saint-Pierre und Rue Bouffard verkauft.
An der Basilika Saint-Michel findet jeden Morgen ein Flohmarkt statt.
Öko-Markt ist jeden Donnerstag an der Kirche Saint-Pierre.

Spaziergang

Von Le vieux Bordeaux, der Altstadt zwischen Theater und Place de la Bourse, gehen Sie hinunter zur Garonne. Den Quai Louis XVIII. entlang gelangen Sie zum riesigen Platz Esplanade des Quinconces. Von dort sind es nur einige hundert Meter zum Jardin public, einer weiten Grünanlage, die zum Flanieren einlädt. Der Garten wurde 1736 angelegt und später in einen englischen Park umgewandelt. Hier befinden sich eine Orangerie und das Naturhistorische Museum (→ Museen).

Restaurants

Wir haben die Qual der Wahl – und erwähnen hier einige wenige von vielen guten Lokalen.
Le Cellier bordelais Interessante Weinbar mit kleinen, sorgfältig zubereiteten Gerichten.
30–31, quai de la Monnaie (Altstadt)
Tel. 56 31 30 30
2. Kategorie
Sa und So geschl. sowie 14. Juli–15. Aug.
Chapon fin François Garcia Das feine Restaurant der Stadt, berühmt in ganz Frankreich. Exzellente Weinauswahl.
5, rue Montesquieu
Tel. 56 79 10 10
Luxuskategorie
So und Mo geschl.
Chez Brunet Einfaches Lokal der kleinen Preise in der Nähe des Theaters. Große Auswahl an Austern.
9, rue de Condé
Tel. 56 51 35 50
2. Kategorie
So abends geschl.
Jean Ramet Eine Institution von Bordeaux. Fisch-Spezialist, gemütliches Ambiente. Hier tafeln betuchte Weinhändler. Und die wissen, was gut ist.
7–8, pl. Jean-Jaurèt
Tel. 56 44 12 51
1. Kategorie
Sa, So, Osterferien und 10.–23. Aug. geschl.
Le Rouzic Restaurant des Top-Kochs Michel Gautier. Spezialität: Räucheraal auf Pfeffer. Große Weine, Madame Kinette Gautier ist Vi-

zepräsidentin der Kellermeistergilde von Bordeaux.
34, cours du Chapeau-Rouge
Tel. 56 86 11 39
1. Kategorie
Sa und So mittags geschl.
St-James 4 km südöstlich von Bordeaux, am rechten Garonne-Ufer in Bouliac; ist jedoch die Anfahrt wert. Spezialität: Neunauge in Rotwein – eine Delikatesse.
8, pl. Camille Hoteins
Bouliac
Tel. 56 20 52 19
Luxuskategorie
Tgl. geöffnet
La Tupina Ländliche Küche aus der Gascogne in einem winzigen Lokal im Hafenviertel. Frische Leberpastete mit geschwenkten Zwiebeln, Makkaroni mit Stopfleber und Pilzen, Entenbrust auf Holzkohle gegrillt, famoses Bazas-Rindfleisch. Preise auch eher ländlich.
6, rue de la Porte-de-la-Monnaie
Tel. 56 91 54 77
2. Kategorie
So und Mo geschl.

Le vieux Bordeaux Schlichtes Restaurant, modern eingerichtet. Spezialität: Carpaccio von Entenbrust.
27, rue Buhan
Tel. 56 52 94 36
1. Kategorie
Sa mittags, So, an Feiertagen sowie im Feb. und 3 Wochen im Aug. geschl.

Hotels

Grand Hôtel de Bordeaux Gegenüber vom Grand Théâtre, Fassade aus dem 18. Jh., moderne Zimmer, geschmackvoll möbliert. 95 Zimmer.
2–5 pl. de la Comédie
Tel. 56 90 33 44
1. Kategorie
Ganzjährig geöffnet
Hôtel du Théâtre Altes Hotel an der Place de la Comédie, 23 modern eingerichtete Zimmer.
10, rue de la Maison-Daurade
Tel. 56 79 06 26
3. Kategorie
Ganzjährig geöffnet

Herrensitze und Weingüter zugleich: Château de Tauzia

Bordeaux 67

... und Château Malle im Bordelais

Le Normandie Traditionshaus in der Stadtmitte mit 100 gut ausgestatteten Zimmern.
7–9, cours du 30-Juillet
Tel. 56 52 16 80
2. Kategorie
Ganzjährig geöffnet
Royal Medoc Hotel in der Innenstadt, aber ruhig. 45 Zimmer.
3, rue de Sèze, an der Esplanade
Tel. 56 81 72 42
2. Kategorie
Ganzjährig geöffnet

Am Abend

Le Caveau Diskothek
9, pl. des Grands-Hommes
Tel. 56 48 03 19

L'Epricerie Das Restaurant serviert bis 23 Uhr. Eine intime Bar ist angeschlossen, im Garten befindet sich ein Schwimmbecken.
94, cours de Verdun
Tel. 56 44 27 22

Service
Auskunft
– Syndicat d'Initiative
12, cours du 30 Juillet
Tel. 56 44 28 41
– Informationszentrum für junge Leute
Auskunft über preiswerte Unterkunft und Freizeitgestaltung
125, cours d'Alsace-Lorraine
Tel. 56 48 55 50

Bordeaux

Autovermietung
Europcar
79, rue de Tauzia
Tel. 56 91 83 83

Flughafen
Bordeaux-Mérignac
Tel. 56 34 84 84

Fluglinie
Air France
Rue Corps-Franc-Pommiès
Tel. 56 96 83 16

Jugendherberge
22, cours Barbey
Tel. 56 91 59 51

Taxi
Pl. de la Bourse
Tel. 56 52 46 08

Veranstaltungen
Feb.: Filmfestival
März: Karneval
Mai: Festival mit klassischer Musik, Theater, Tanz
Juni: Nächte im Alten Bordeaux, Nächte der Musik
30. Juli: Besuch der Weinbaugebiete (Abfahrt vom Maison des vins)
Juli/Aug.: Kunstfestival
Sept.: Großes Golfturnier
Nov.: SIGMA – Jazz, Theater, Kino

Ziele in der Umgebung

Château la Brède 20 km südlich von Bordeaux liegt mitten im Weinbaugebiet »Graves« die Ortschaft Labrède mit dem trutzigen Château la Brède. Hier wurde 1689 der große aquitanische Philosoph Montesquieu geboren; hier baute er seinen Wein an und schrieb die Werke »Betrachtungen über Größe und Untergang der Römer« sowie »Vom Geist der Gesetze«. Das Schloß ist heute noch im Besitz seiner Nachfahren. Montesquieus Arbeitszimmer ist erhalten geblieben, auch seine Bibliothek mit 7000 Bänden, Manuskripten und dem Schreibgerät. In diesem Raum finden die jährlichen Konzerte im Rahmen des »Mai musicale de Bordeaux« statt.
Ostern–Ende Juni tgl. nachmittags, Juli–Sept. tgl. außer Di, Okt. Mi, Sa, So und Feiertage, 1.–11. Nov. Sa, So und Feiertage
Eintritt 17 FF

Das Médoc Das berühmte Weinbaugebiet zieht sich am linken Gironde-Ufer entlang. Wir verlassen Bordeaux auf der D2 in nordwestlicher Richtung und gelangen zunächst zum *Château Margaux*. Eine herrliche Allee führt zu dem klassizistischen Schlößchen, das von einem englischen Garten umgeben ist. Eine Besichtigung des Weinkellers ist nur an Werktagen möglich.
Château de Beychevelle Eindrucksvoll auf der Höhe über der Gironde liegt das bekannte Weingut, das ein bißchen an Sanssouci in Potsdam erinnert. Im 17. Jh. war es Sitz der erblichen Großadmirale von Frankreich, die das Recht hatten, von den einlaufenden Schiffen Zölle zu verlangen.
Beim Städtchen Pauillac folgen die drei berühmten Rothschild-Schlösser *Château-Latour, Château-Mouton-Rothschild, Château-Laffitte*. Dem Château-Mouton-Rothschild ist ein *Museum* angegliedert, eine großartige Sammlung von Kunst und Kunsthandwerk vom gotischen Kelch bis zum Rouault-Gemälde. Das Museum ist Mo–Fr von 9.30–11.30 Uhr und von 14–17 Uhr geöffnet.

Saint-Emilion Wir nehmen die N 89 durch aquitanisches Bauernland, Richtung Libourne. Vorbei an Maisfeldern, Weinbergen und Obstgärten. Nach der Überquerung der Dordogne kommt hinter Libourne das edle Weinstädtchen St-Emilion. Die Felsenkirche mit freistehendem Glockenturm ist von außen nur durch ihr gotisches Portal erkennbar. Im 8. Jh. hat sich dort der hl. Aemilius als Eremit niedergelassen. St-Emilion ist eine stille Stadt mit großen Rotweinlagen, Stadttoren, Befestigungsmauern, einer alten Königsburg, gepflasterten Straßen und viel Sandsteingemäuer in weichen Gelbtönen.

Dax

Berühmte Kurorte in Frankreich? Aix-les-Bains, na klar! Auch Eugénie-les-Bains, das feudale Örtchen mit dem gewissen kapriziösen Etwas. Doch das älteste und vielleicht auch schönste liegt im Süden des Départements Landes am Fluß Adour. Zum Atlantikstrand sind es nur ein paar Kilometer, nach Bayonne und ins Baskenland ebenfalls. In gut einer Stunde sind Sie im Rebenmeer des Bordelais oder auf den Plätzen und Straßen von Bordeaux. Dax – wahrlich ein trefflicher Ort mit einer zentralen Lage. Hier läßt sich aufs beste kuren, und das haben bereits die alten Römer entdeckt. Schon vor zweitausend Jahren pflegten die Legionäre des Augustus ihre Wehwehchen in den warmen Wassern von Dax.

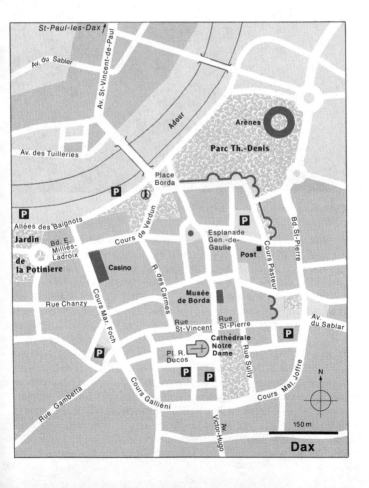

Beispiel romanischer Steinmetzkunst: Daniel in der Löwengrube

So wollen wir es auch tun, und wenn wirklich kein Bedarf besteht – nun gut, es gibt auch einiges zu sehen. Aquae Augustae hieß Dax während seiner römischen Periode. Die Eroberer aus dem Süden hatten Badekultur und Architektur in die Landes gebracht. Im vierten Jahrhundert wurde die Stadt mit ihren zahlreichen Thermen und Tempeln von einer Mauer mit Türmchen umgeben, von denen noch stattliche Reste erhalten sind. Das wahre Wahrzeichen von Dax ist jedoch eine 64 Grad heiße Quelle, Fontaine Chaude oder auch Source de la Néhe genannt, die aus dem Erdinnern sprudelt und täglich über 2 400 000 Liter Heilwasser ausstößt. Doch das ist nicht alles: Man kann mit Salzwasser kuren, mit schwefelsaurem und ein wenig radioaktivem Thermalwasser oder auch mit Adourschlamm, der mit schwefelsaurem Thermalwasser versetzt wurde. Das nennt man dann Fango. Dax ist der Jungbrunnen für Menschen mit Rheuma-, Knochen- und Gelenkbeschwerden. Erkrankungen des Nervensystems werden hier ebenfalls geheilt. Vielleicht empfiehlt es

sich, nach den Genüssen an Atlantik, Dordogne und Gascogne ein paar Tage zur körperlichen und geistigen Restauration in Dax einzulegen. Nur zum Relaxen natürlich.
Daneben bietet die Stadt (21 000 Einwohner) allerlei Abwechslung. Viele nette kleine Läden und Boutiquen reizen zum Einkaufen. Kurschatten kommen in etlichen besseren Restaurants auf ihre Kosten, im Sommer gibt's Stierkämpfe.

Sehenswertes
Cathédrale Notre-Dame Die Kirche wurde an der Stelle eines ehemaligen romanisch-gotischen Gotteshauses gebaut (17. Jh.). Vom alten Bau ist nur im linken Seitenschiff die gotische Apostelpforte erhalten. Beachtenswert: das reich verzierte und geschnitzte Chorgestühl sowie der Altar von 1755.
Pl. Roger Ducos

Eglise Saint-Paul-les-Dax Die älteste Kirche von Dax. Der romanische Chor ist mit Blendarkaden verziert. Über den Arkaden befindet sich ein breiter Relieffries aus dem 11. Jh., der das Abendmahl, den Judaskuß und die Kreuzigung zeigt. Ein Teil der Arbeiten stammt aus dem 12. Jh.
Rechtes Adourufer

Eglise Saint-Vincent-des-Xaintes Eine ebenfalls sehr alte Kirche mit einem gallo-romanischen Mosaik im Chorraum. Sehenswert ist die Sarkophagsculptur aus dem 13. Jh.
Pl. St-Vincent

Source de la Néhe Das Wahrzeichen der Stadt liegt inmitten des historischen Zentrums an der Place de la Fontaine-Chaude, der Esplanade Charles-de-Gaulle und den gallisch-römischen Mauern. An der Promenade des Remparts geht eine Treppe ab, die am Fuß der alten Befestigungsmauern bis zu den römischen Ruinen führt. Dort kann man auch Reste der alten Arena erkennen. Daneben ist das moderne Thermal- und Kurzentrum entstanden.

Museum
Musée de Borda Das Museum wurde nach dem Seefahrer und Mathematiker Charles de Borda benannt und ist im Hôtel de Saint-Martin-d'Agès untergebracht. Es zeigt eine bedeutende archäologische sowie eine regionale völkerkundliche Sammlung.
27, rue Cazade
Tel. 58 74 12 91
April–Okt. Mo–Fr 14–18 Uhr, sonst Di, Mi, Do 14–18 Uhr

Restaurants
Le Bois de Boulogne Schönes Lokal am Ufer des Adour, gut eingerichtet, angenehmste Atmosphäre, gute Küche. Spezialitäten: Fisch und Fleisch vom Grill.
Allée du Bois de Boulogne
Tel. 58 74 23 32
2. Kategorie
So abend, Mo und Okt. geschl.

La Gazelle d'or Hübsches Restaurant mitten in der Innenstadt. 1988 sind die Küchen von Frankreich und Marokko in der Goldenen Gazelle eine sehr glückliche Ehe eingegangen. Spezialitäten des Hauses sind: leckere Fleischklöpschen, Hechtklöße, Grillspieße – und natürlich Couscous.
16, rue Eug. Millies-Lacroix
Tel. 58/74 19 19
2. Kategorie
Di und vom 15. Jan.–15. Feb. geschlossen

Hotels
Regina Hinter der römischen Arena gelegenes Hotel mit 106 Zimmern.
Bd. des Sports
Tel. 58 74 84 58
3. Kategorie
Ganzjährig geöffnet

Le Richelieu Kleines traditionelles Haus in der Stadtmitte, Terrasse, 20 geschmackvoll eingerichtete Zimmer.
13, av. Victor-Hugo, am Eingang zum Jardin public
Tel. 58 74 81 81
3. Kategorie
Ganzjährig geöffnet
Splendid Sehr schönes Hotel mit alter Fassade, am Adour gelegen, Terrasse mit Park, sehr ruhig, 180 stilvoll eingerichtete Zimmer.
2, cours de Verdun
Tel. 58 56 70 70
2. Kategorie
3. Dez.–1. März geschl.

Am Abend

Casino Mit Theater, Bar und Diskothek.
Cours Foch
Tel. 58 74 21 35
21.30–3 Uhr, Diskothek bis 4 Uhr

Service

Auskunft
Office de Tourisme
Place Thiers
Tel. 58 74 82 33
Autovermietung
Europcar
171, av. St-Vincent-de-Paul
Tel. 58 74 53 34
Taxi
Am Bahnhof
Tel. 58 74 30 15
Veranstaltungen
Juni: Stierkämpfe spanischer Art, Kuhkämpfe (ohne Blutvergießen), Musikfestival
Ende August: Großes Festival

Ziele in der Umgebung

Berceau-de-Saint-Vincent-de-Paul
Das Geburtshaus des heiligen Vinzenz von Paul (1576–1660) liegt knapp zehn km nordöstlich von Dax. In der Kirche sind verschiedene Reliquien zu sehen. Fünf km weiter nördlich befindet sich der kleine Wallfahrtsort Notre-Dame-de-Buglose.
Labastide d'Armagnac Hübscher kleiner Ort ca. 60 km nordöstlich von Dax. Die kleine Stadt wurde 1291 von Bernard IV., Graf von Armagnac, gegründet. Aus der Zeit der englischen Herrschaft stammt die berühmte Bastide. In der Ortsmitte befindet sich ein Platz, der von alten, gut restaurierten Häusern und der Kirche umgeben wird. Doch wegen dieser Fassaden kommen die wenigsten nach Labastide. Der Beiname des Städtchens verrät seine wahre Attraktion: Armagnac. Labastide liegt im Bas-Armagnac. Hier reifen die besten Brände, hier können Sie auch die besten (und teuersten) kaufen.
Mont-de-Marsan Die Hauptstadt des Départements Landes (31 000 Einwohner) ist seit Jahrhunderten der wirtschaftliche Mittelpunkt der Provinz. Im milden, warmen Klima der Gegend nordöstlich von Dax wachsen Magnolien und Palmen. Die Stadt ist bekannt für ihre Gänseleberpastete und noch berühmter durch ihre Kuh- und Stierkämpfe, die seit 1850 an drei Tagen in der Woche nach dem 14. Juli stattfinden. Zur Fêtes de la Madeleine, der wohl bedeutendsten Corrida Aquitaniens, kommen zahlreiche Besucher, und die Stadt befindet sich in einem wahren Taumel. Sehenswert ist auch das Museum des Bildhauers Charles Despiau im Donjon (Turm) de Lacataye (14. Jh.) und das Museum Dubalen mit seiner reichen archäologischen, prähistorischen und naturkundlichen Sammlung. Beide Museen sind täglich (außer Di) von 9.30–12 Uhr und von 14–18 Uhr geöffnet.
Prechacq-Bains 16 km nordöstlich von Dax. Bekanntes Heilbad gegen Rheuma, mitten in einem Eichenwald gelegen.

Pau

Pau – nie gehört? Ach ja, vielleicht im Fernsehen, als wieder mal irgendein Formel-1-Rennen übertragen wurde und sie den neuen Weltmeister mit Champagner begossen. Aber sonst? Pau? Wie der oberitalienische Fluß?

»Das ist wie eine Symphonie in A-Dur«, schrieb Kurt Tucholsky in sein Tagebuch. Er war in Pau, der Königsstadt von Navarra. Tucholsky schwärmte vom Ausblick, den Pau seinen Besuchern bietet: über einen wilden Gebirgsfluß hinweg – den Gave de Pau – auf eine grüne, fruchtbare Vorgebirgslandschaft. Dahinter die zackige Bergkette der Pyrenäen, auch im Hochsommer schneebedeckt: Pic du Midi de Bigorre, Pic du Midi d'Ossau, Pic d'Ohry. Unten im Tal wächst der wunderbare Jurançon. Wieder so eine französische Stadt, die groß und mächtig wirkt, als sei sie seit Jahrhunderten die souveräne Metropole eines souveränen Reiches. Eine großzügige Altstadt, ein mächtiges Schloß, feudale Parkanlagen – und ein pulsierendes Leben mit einer überschäumenden Tradition.

Pau ist nicht mehr baskisch und – im Grunde genommen – noch nicht aquitanisch. Es wurde den Wasserlanden erst später verwaltungstechnisch zugeschlagen. Pau ist die Metropole des Béarn, jenem fruchtbaren Landstrich zwischen den Pyrenäen und der Gascogne.

Aus dieser Stadt stammt der populärste französische König, und folgende Geschichte erklärt Pau besser als seine Bauten und Parks: 1533 wurde der Knabe Henri, Sohn einer Navarra-Prinzessin und des Herzogs Antoine de Bourbon, in Pau geboren. Damit das Kind nicht griesgrämig werde, sang ihm seine Mutter lebensfrohe und zum Teil zotige Volksweisen aus dem Béarn vor. Der Großvater soll die Lippen des Neugeborenen mit Knoblauch und Jurançon-Wein abgerieben haben. Diese Behandlung muß dem künftigen Herrscher von Frankreich ausgezeichnet bekommen sein, denn er war – bis zu seinem bitteren Ende – stets guter Dinge und saß dreißig Jahre lang auf dem Thron.

Heinrich IV. war in erster Linie Südfranzose, er sprach katalanisch. Französisch war eine Fremdsprache. Er haßte die Dogmen der katholischen Kirche und galt als Hugenottenführer. Als Henri zum französischen König gekrönt wurde und sich katholisch taufen lassen mußte, tat er jenen berühmten pragmatischen Ausspruch: »Paris ist eine Messe wert.« Henri IV. beendete die blutigen Religionskriege Aquitaniens durch das Toleranz-Edikt von Nantes: Die protestantische Konfession wurde geduldet. Sein Privatleben war stets bewegt. Noch heute erzählen die Alten in den Parks von Pau vom Liebesleben ihres Königs: »Er hatte zwei Ehefrauen und viele Mätressen. Dann wurde er ermordet.« Dieses Ende ist kein zwangsläufiger Tribut an die Lebenslust, dennoch wird diese Geschichte immer wieder gern erzählt. Und immer noch wird die Schildpattwiege ausgestellt, in der Henri als Baby gelegen haben soll. Victor Hugo, der große Dichter, kommentierte diese Zurschaustellung angewidert: »Das ist eine angefressene Reliquie.«

Die Pariser haben Pau stets etwas mißtrauisch beäugt, man traute der Ungezwungenheit dieser Stadt nicht und wollte sie im Auge behalten. Nach Heinrich IV. wurde das Königsschloß Residenz nachfolgender Herrscher. So sieht das Schloß denn auch ein bißchen zusammengestückelt aus, den diversen Geschmacksrichtungen entsprechend.

Pau hatte unter Napoleon einen zweiten großen Sohn: General Bernadotte, der sich später von Seiner Majestät lossagte und ein neues schwedisches Königsgeschlecht gründete, das bis heute im Stockholmer Schloß residiert.

Man sieht: Die Geschichte bewahrt die Kinder von Pau vor der Langeweile des Durchschnitts.

Nehmen Sie Ihren Pastis oder einen Tee an der Place Clemenceau; berauschen Sie sich an der milden, seidenen Luft, die auch englische Offiziere trunken machte, als sie nach dem Ende Napoleons über die aufrührerischen Franzosen wachen sollten und dabei Golfplätze anlegten. Sie brachten den Tee, die Pferderennen und die Treibjagd nach Pau. Letzteres wird bis heute begeistert betrieben. Nur mit dem Tee ist es so eine Sache: ich bin sicher, daß in England weitaus mehr dem Jurançon zugesprochen wird, als im Béarn Tee getrunken.

Sollten Sie in der »Sportschau« mal wieder von Pau hören, so werden Sie daran denken, daß ein Rennwagen mit Benzin fährt, das Leben aber mit Knoblauch und Jurançon.

Sehenswertes

Château Das alte Königsschloß, in dem die Wiege Heinrichs IV. stand, des »guten Königs«, wie die Franzosen noch heute sagen. Ein gewaltiger Bau mit den verschiedensten Stilrichtungen. Im 13. Jh. als reine Befestigungsanlage mit ausschließlich militärischem Charakter erbaut, wurde die Festung am Rande der Altstadt im 14. Jh. zum Schloß ausgebaut. Zur Zeit Heinrichs IV. wurde hinter den riesigen Außenmauern ein Renaissance-Palais errichtet. Noch im 19. Jh. ließen die nachrevolutionären Könige Louis Philippe und Napoleon III. Flügel ans Schloß anbauen.

Die Höhepunkte: eine Sammlung herrlicher flämischer Gobelins und die rekonstruierte königliche Wohnung im 1. Stock.
Tel. 59 27 36 22
Tgl. 9.30–11.45 Uhr und 14.30 bis 17.45 Uhr
1. Jan., 1. Mai und 25. Dez. geschl.
Eintritt 21 FF

Museen

Musée Béarnais Ein Rundgang durch das Leben und die Kultur des Béarn. Ausgestellt werden Möbel,

Verschiedenste Baustile prägen das trutzige Château de Pau

Bilder, Skulpturen verschiedener Epochen, aber auch ein typisches Bauernhaus aus dem Béarn, eine Fabrikation von Baskenmützen, eine Käserei.
Das Museum ist im Château untergebracht, gleiche Öffnungszeiten.
Tel. 59 27 07 36
Eintritt 6 FF

Musée Bernadotte Geschichte des berühmten Feldherrn und Marschalls von Frankreich, der sich später von Napoleon lossagte und dem 1818 die Krone von Schweden angetragen wurde. Der Soldat aus Pau gründete unter dem Namen Carl XIV. die schwedische Throndynastie der Bernadottes.
8, rue Tran
Tel. 59 27 48 42
Tgl., außer Mo 10–12 Uhr und 14–18 Uhr
1. Jan., 1. Mai, 1. Nov. und 25. Dez. geschl.
Eintritt 10 FF

Musée des Beaux Arts Das Museum der Schönen Künste zeigt eine bedeutende Gemäldesammlung französischer, flämischer, holländischer, italienischer und spanischer Meister des 16.–20. Jh. Die regionale Note bekommt die Ausstellung durch Bilder des Romantik-Malers Eugène Devéria, 1865 in Pau gestorben: Landschaftsmotive aus den Pyrenäen und ein Gemälde von der Geburt Heinrichs IV.
Rue Mathieu-Lalane
Tel. 59 27 33 02
Tgl. außer Di 10–12 Uhr und 14–16 Uhr
Eintritt 10 FF

Einkaufen

Zahlreiche Geschäfte und Boutiquen finden Sie an der Rue des Cordeliers, Rue Serviez, Rue Louis-Barthou, Rue Henri IV. und an der Place Georges Clemenceau.

Spaziergang

Der Boulevard des Pyrénées ist für viele die schönste Straße Frankreichs. Man blickt auf den Fluß Gave de Pau, über Weingärten und die fruchtbare Ebene des Béarn auf die schneebedeckte Bergkette der Pyrenäen. Sie sollten diese Prachtstraße, die auf Initiative Napoleons I. angelegt wurde, am besten in der Abenddämmerung hinunterspazieren.
Gehen Sie vom Schloß aus über die Place Royale mit der Statue Heinrichs IV. bis zum Parc Beaumont. Drehen Sie ruhig eine Runde vorbei am Casino und Théâtre de Verdurre, dann zurück auf die Rue Louis Barthou, vorbei am Palais des Pyrénées zur Place Clemenceau. Hier trifft und sieht man sich.
Oder aber Sie gehen vom Schloß aus zum Parc National – ein erholsamer Weg mit herrlichem Blick auf den Gave de Pau.

Restaurants

L'Agripaume Erstklassiges Etablissement. Der Chef des Hauses hat bei den berühmten Köchen Michel Guérard, Pierre Laporte und Joël Robuchon gelernt. Günstige Preise.
14, rue Latapie
Tel. 59 27 68 70
2. Kategorie
So abends, Mo mittags sowie 1. Märzhälfte, 2. Augusthälfte geschl.

Les Chandeliers Restaurant in der Innenstadt mit kleinen Preisen und großer Küche.
19, rue Pasteur
Tel. 59 27 27 37
2. Kategorie
Sa mittags, So abends sowie 2.–15. Jan. geschl.

Chez Pierre Das Nobelrestaurant von Pau. Eine nahezu ideale Verbindung der traditionellen Küche mit der Nouvelle cuisine. Raymond Cassau wartet jeden Tag mit einer neuen Überraschung auf.
16, rue Louis Barthou
Tel. 59 27 76 86
1. Kategorie
Sa mittags, So sowie 2. Februarhälfte geschl.

La Gouse d'Ail Kleines Restaurant in unmittelbarer Nähe des Schlosses. Phantasiereiche, traditionelle Küche.
12, rue du Hèdas
Tel. 59 27 31 55
2. Kategorie
Sa mittags, So sowie 2. Oktoberhälfte geschl.

Le-Saint-Jacques Angenehmes Lokal mit regionaler Küche wie Bauernsalat mit Gänseleber, Lachs in Jurançon-Sauce, gegrillte Entenbrust.
9–11, rue du Parlement
Tel. 59 27 58 97
2. Kategorie
Sa mittags, So sowie 15.–30. Sept. und im Winter geschl.

La Table d'Hôte Patron Cazenave hat die Politik des kleinen Preises gewählt – und bietet dennoch eine ausgezeichnete Küche.
1, rue du Hèdas
Tel. 59 27 56 06
2. Kategorie
So geschl.

Hotels

Bristol Altes, traditionelles Haus in der Stadtmitte. 25 Zimmer.
3, rue Gambetta
Tel. 59 27 72 98
2. Kategorie
Ganzjährig geöffnet

Hôtel Central Das Hotel für jeden Geldbeutel in der Stadtmitte, Nähe Place Clemenceau, hat 28 Zimmer.
15, rue Léon-Daran
Tel. 59 27 72 75
3. Kategorie
Ganzjährig geöffnet

Gramont Komfortables Haus im Stil der Region mit 30 Zimmern.
3, pl. Gramont
Tel. 59 27 84 04
3. Kategorie
Ganzjährig geöffnet

Paris Altehrwürdiges Haus in der Stadtmitte, aber mit sehr ruhigen Zimmern zum Innenhof hin.
80, rue Emile-Garet (an der Post)
Tel. 59 27 34 39
2. Kategorie

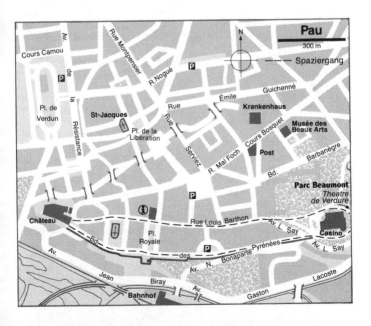

2. Kategorie
Ganzjährig geöffnet
Roncevaux Großes, altes Stadthaus mit 40 modern eingerichteten Zimmern in der Nähe des Schlosses.
25, rue Louis-Barthou
Tel. 59 27 08 44
2. Kategorie
Ganzjährig geöffnet

Service

Auskunft
– Syndicat d'Initiative
22, rue Jean-Jacques-de-Monaix
Tel. 59 83 92 37
– Office de Tourisme
Pl. Royale
Tel. 59 27 27 08
Autovermietung
– Avis
66, rue d'Etigny
Tel. 59 32 97 97
– Europcar
8, pl. Clemenceau
Tel. 59 27 03 03
Taxi
– Pl. Clemenceau
Tel. 59 27 14 14
– Complexe République
Tel. 59 02 22 22
Veranstaltungen
Frühjahr: Reitturnier
2. Aprilhälfte: Frühlingsmarkt
Juni: Grand Prix Formel 1
Juli: Theater-Festival
Anfang Sept.: Großer Jahrmarkt
Anfang Okt.: Antiquitätenmesse
Okt.: Automobilausstellung

Ziele in der Umgebung

Aire-sur-l'Adour Eine Fahrt nach Norden durch das reizvolle Tal des Adour: Nach etwa 60 km haben wir Aire-sur-l'Adour erreicht, die Hauptstadt der Gänseleberpastete. Von Nov. bis Feb. findet dort wöchentlich der bekannteste Gänse- und Entenmarkt Frankreichs statt.
Sehenswert ist die Kirche Ste-Quitterie du Mas. Ihre ältesten Fundamente werden auf das 1. Jh. n. Chr. datiert, als in Aquitanien die Christianisierung begann. Wesentlich später wurde die gotische Kirche gebaut. Aus dem 9. Jh. stammt die Krypta des Gotteshauses mit dem Sarkophag der hl. Quitterie (5. Jh.).
In Ségos, etwa 9 km von Aire-sur-l'Adour, befindet sich eines der besten Restaurants der Gascogne: die *Domaine de Basibé*, ein alter, renovierter Gutshof mit parkähnlichem Garten und Pool. Ein Restaurant der Spitzenklasse, im Sommer wird das Diner bei Kerzenlicht im Garten serviert. Das Hotel: klein, aber fein, nur 6 Zimmer.
Domaine de Basibé
Ségos
32400 Risole
Tel. 62 09 46 71
Restaurant: Luxuskategorie, Hotel: 1. Kategorie
2. April–1. Nov.
Eugénie-les-Bains In der Belle Epoque ein berühmter Bade- und Kurort, etwas westlich von Aire-sur-l'Adour gelegen. Gepflegt, feudal, extravagant wie Eugénie, die Gattin Napoleons III. Hinter einem Park, von Bäumen und Sträuchern verdeckt, das Château, eine Lustvilla mit Thermalbad inmitten eines subtropischen Gartens mit Palmen und Bananenstauden. Heute ist hier ein Kurhotel untergebracht, mit 35 Zimmern der absoluten Luxuskategorie. Was wäre eine Kur ohne vernünftige Ernährung, muß sich vor über zehn Jahren der Pariser Superkoch Michel Guérard gesagt haben. Er zog in die Provinz, in jenes Kurschloß der verblichenen Kaiserin, und gründete das beste Restaurant der Welt, wie viele Eßkritiker meinen: *Les-Prês-d'Eugénie*. Mit Sicherheit ist es eines der teuersten. Auf dem Parkplatz kaum ein Auto mit Kennzeichen aus der Region. Allenfalls aus Bordeaux, Paris. Häufiger aus der Schweiz.
Der Speisesaal ist im Stil der Jahrhundertwende gehalten mit alten Bildern, Nippes und Kerzenleuchtern. Und Maître Guérard läßt servieren: Geflügelbrühe mit getrüffel-

Dem »guten König« Heinrich IV. setzten die Bewohner von Pau gern ein Denkmal

ten Nudeltaschen, Jungtaube mit Kraut und knusprigem, aus Kartoffeln zubereitetem Blätterteig. Lachs in leichter Kräutersauce, garniert mit krebsgefüllten Krapfen. Salat mit Hummer und frischem Kabeljau in eingelegten Zucchini. Kartoffelauflauf mit Gänsefleisch, Kalbsbries mit Trüffeln. Scampi mit Mairitterlingen (frischen Pilzen) und Äpfeln. Oder der Landaiser Schmortopf mit Entenkeule, Schweinshaxe und Kuttelwürstchen. Dazu werden die edelsten Tropfen gereicht. Ersparen wir uns das sadistische Vorstellen der Dessertkarte. Der einzige, der dabei abnimmt, ist der Geldbeutel. Aber Meister Guérard tut auch etwas für die Genießer, die wirklich ein paar Pfunde verlieren wollten. Das nennt sich dann »Cuisine minceur« – serviert wird zum Beispiel gebratene Jungente mit Trüffeln auf einem Bett von gedünsteten Schnecken. Bei den Getränken macht der Meister ernst: Es wird nur Quellwasser gereicht.

Sie können im ehemaligen Kurschloß auch übernachten, 35 Zimmer und Appartements stehen zu Ihrer Verfügung.

Les-Prês-d'Eugénie Michel Guérard
40320 Geaune
Tel. 58 51 19 50
Luxuskategorie
4. Dez.–Mitte Feb. geschl.

Oloron-Sainte-Marie Auf baskisch »Iluro«. Der Ort liegt südöstlich von Pau, wo die beiden Pyrenäenflüsse Gave d'Aspe und Gave d'Ossau zum Gave d'Oloron zusammenfließen. Enge Gassen, mittelalterliche Häuser und die Kirche Ste-Croix, deren Kuppel von sternförmigen Strebebögen getragen wird. Sehenswert ist auch Ste-Marie, eine Kathedrale aus dem 13. Jh. mit einem besonders schönen Portal. Bemerkenswert ist die Verwendung von verschiedenen Baumaterialien, die reizvolle Farbkontraste hervorbringen. Oloron bietet vor allem Spaziergängern, Anglern und Skifahrern ein interessantes Programm. Die Pyrenäenberge liegen vor der Haustür. 5 km von Oloron entfernt findet man ein stilles, romantisch gelegenes Gasthaus, *Au Relais Aspois*, mit 18 Zimmern.

Au Relais Aspois
Gurmançon
Route du col du Somport
Tel. 59 39 09 50
3. Kategorie
Mo mittags sowie 15.–30. Nov. geschl.

Périgueux

Die Stadt an der Isle, die ihren Ursprung einer heiligen keltischen Quelle verdankt, ist das Spiegelbild der Geschichte Aquitaniens. Auf Schritt und Tritt begegnet man den Spuren der Römer, Gallier, Westgoten, Araber, Franken, Normannen, Briten und Franzosen. Zusammen ergibt das ein Konglomerat von Kirchen, Palästen, Museen, Schlössern, Türmen und steinernen Resten der römischen Vergnügungssucht. Etwas über 35 000 Einwohner hat die Stadt, und sie leben nicht schlecht von und mit ihrer Vergangenheit. Frankreichs lange Geschichte erklärt sich hier auf einem Quadratkilometer; Schulklassen, Bildungsreisende jeglichen Alters und aus allen Landesteilen werden durch Périgueux geschleust. Die Stadt feiert nahezu das ganze Jahr Folklorefeste, Kulturveranstaltungen, Weinproben, bacchantische Märkte – und über allem schwebt das Flair des Mittelalters.

Sehenswertes

Arènes Von der römischen Arena ist die ellipsenförmige Mauer erhalten, Überrest der antiken Stadt. Auf den Trümmern des Amphitheaters, dessen Achsen 153 m bzw. 123 m lang sind, erstreckt sich heute ein Park.
Nahe Pl. de la Cité

Cathédrale Saint-Front Über dem Grab des ersten Bischofs, des hl. Fronto, wurde bereits im 6. Jh. eine Kapelle errichtet, die 1047 durch eine sehr viel größere Kirche ersetzt wurde. 1120 zerstörte ein Feuer den Bau fast vollständig. Unmittelbar darauf wurde mit der Errichtung einer noch größeren Kirche begon-

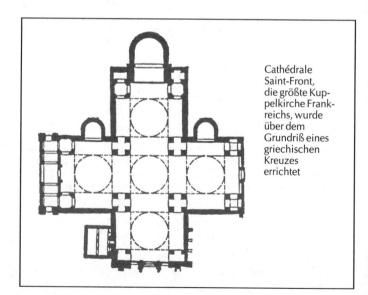

Cathédrale Saint-Front, die größte Kuppelkirche Frankreichs, wurde über dem Grundriß eines griechischen Kreuzes errichtet

Périgueux

nen, dem Kuppeldom St-Front. Man fühlt sich in orientalische Gefilde versetzt angesichts der Kuppeln, Türmchen und steinernen Laternen. St-Front ist die einzige Kirche Frankreichs, die über dem Grundriß eines griechischen Kreuzes errichtet wurde. Sie ähnelt der Markuskirche von Venedig, die ihrerseits von der Apostelkirche in Konstantinopel beeinflußt wurde. Neben dem 60 m hohen Glockenturm wölben sich fünf mächtige Kuppeln. Die Türmchen und Laternen kamen bei Restaurationsarbeiten im 19. Jh. dazu. Die verspielte Silhouette wirkt dadurch etwas übertrieben byzantinisch. Verblüffend gegensätzlich das Innere der Kathedrale, ein schmuckloser Kirchenraum von überwältigenden Dimensionen. Die alten Fresken bestehen nicht mehr, nur noch glatter, heller Stein. In einem gotischen Kreuzgang auf der Südseite der Kirche befinden sich merowingische Sarkophage.
Bei einem Rundgang auf dem Dach um die fünf Kuppeln haben Sie einen einmaligen Blick auf die Altstadt.
Pl. de la Clautre
So nachmittags geschl.

Château Barrière Ruine einer im 12. Jh. errichteten und 1577 zerstörten Burg auf gallisch-römischem Unterbau.
Gegenüber Rue Chancy/Rue de la Cité

Saint-Etienne-de-la-Cité Eine der ältesten Kirchen Frankreichs aus dem 11./12. Jh. Eindrucksvolles Beispiel der romanischen Kunst des Périgord. Einst bestand die Kirche aus vier großen Kuppeln mit einem Glockenturm. 1577 zerstörten die Hugenotten den Kirchenbau; nur zwei Kuppeln blieben erhalten. Der Bau wurde jedoch nach 1625 hervorragend rekonstruiert.

Tour Vésone Überbleibsel eines großen, mit Säulen umgebenen römischen Rundtempels, der im 2. Jh. auf dem Forum der antiken Stadt Vesuna Petrucorium errichtet wurde. Der Turm ist noch 27 m hoch und hat einen Durchmesser von 20 m. Das Mauerwerk besteht aus Hausteinen mit Ziegelbändern.
Ein Stück der gallisch-römischen Mauer, die an mehreren Stellen unter bestehenden Häusern zu finden ist, kann man in der Rue Romaine noch sehen. Das besterhaltene Tor aus dieser Zeit, Porte de Mars, wurde vor 100 Jahren freigelegt. Es liegt heute unzugänglich in einem privaten Garten.
Nahe Rue Lafon

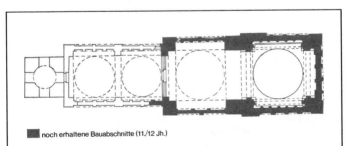

■ noch erhaltene Bauabschnitte (11./12 Jh.)

Aus vier Kuppeln in einer Reihe bestand bis 1577 die romanische Kirche Saint-Etienne-de-la-Cité

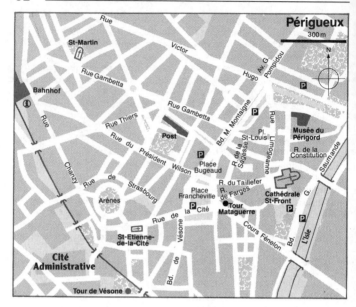

Museum

Musée du Périgord Gezeigt werden vorgeschichtliche und gallisch-römische Funde sowie Ausstellungen über Landesgeschichte und Brauchtum.
Allée de Tourny
Tel. 53 53 16 42
Tgl. außer Di 10–12 Uhr und 14–17 Uhr, Juli–Sept. 14–18 Uhr
Eintritt 5 FF, Mi frei

Einkaufen

Hübsche Geschäfte und Boutiquen gibt es in der Rue Taillefer, Cours Montaigne, Rue Limogeanne und Rue de la République.

Spaziergang

Der »Circuit de la Vieille Ville«, der Rundgang durch die Altstadt, ist bestens ausgeschildert und führt an den ältesten Häusern vorbei, unter anderem auch am Maison des Dames de Foy (12. Jh.), dem ältesten Wohnhaus von Périgueux.

Restaurants

Domino Traditionelles Haus mit der üppigen Küche des Périgord: Ragout von Flußkrebsen, Entenconfit mit Petersilien-Kartoffeln und Steinpilzen.
21, pl. Francheville
Tel. 53 08 25 80
2. Kategorie
Tgl. geöffnet

La Flambée Restaurant mit einem Speisesaal (offener Kamin) in einem Haus des 16. Jh.
2, rue Montaigne
Tel. 53 53 23 06
1. Kategorie
So geschl., im Juni Betriebsferien

L'Oison Ein Speisesaal mit runden Tischen im Stil Louis-treize. Hier wird die große Küche des Périgord serviert.
31, rue Saint-Front
Tel. 53 09 84 02
1. Kategorie
So abends, Mo und 15. Feb.–15. März geschl.

Périgueux

Hotels
Bristol Ruhig und komfortabel, ausgezeichneter Service. 29 Zimmer.
37, rue Antoine-Gadaud
Tel. 53 08 75 90
2. Kategorie
22. Dez.–3. Jan. geschl.
Ibis Mitten in der Innenstadt, man kann alles bequem zu Fuß erreichen. 89 Zimmer.
8, bd. Georges-Saumande, neben der Kathedrale
Tel. 53 53 64 58
3. Kategorie
Ganzjährig geöffnet

Service
Auskunft
Syndicat d'Initiative
1, av. d'Aquitaine
Tel. 53 53 10 63
Autovermietung
Europcar
14, rue Denis-Papin
Tel. 53 08 15 72
Taxi
Tel. 53 53 37 00
Veranstaltungen
Juli/Aug.: Theater-Festival
Anfang Sept.: »Périgueux-Tage«
2. Septemberhälfte: großer Jahrmarkt

Ziele in der Umgebung
Bergerac Knapp 50 km südwestlich von Périgueux liegt Bergerac, ein Zentrum landwirtschaftlicher Produktion; Tabak und der berühmte Bergerac-Wein dominieren. Hübsche Altstadt mit liebevoll restaurierten Fachwerkhäusern und einer malerischen Brücke über die Dordogne. Im Westen liegt das ehemalige Kloster Les Récoltes, dessen Innenhof mit Kreuzgang sehenswert ist. Lohnend ist auch ein Besuch des *Tabakmuseums*, das sich im Rathaus befindet. Es zeigt eine reiche Sammlung über den Tabakanbau und die Kultur des Rauchens. Jeden Samstag ist rund um die gotische Pfarrkirche Notre-Dame Markt mit allen landwirtschaftlichen Produkten der Dordogne.
Bergerac hat der Figur des Cyrano, der in ganz Frankreich ob seiner langen Nase verlacht wurde, ein Denkmal gesetzt – das spricht für den Humor der Bevölkerung.
Musée du Tabac
Hôtel de Ville
Tel. 53 63 04 13
Tgl. außer Mo 10–12 Uhr und 14 bis 18 Uhr (Sa bis 17 Uhr), So 14.30 bis 18.30 Uhr
Eintritt 10 FF

Bergerac am Ufer der Dordogne

Château Monbazillac 6 km südlich von Bergerac. Hier wird auf sanft zur Dordogne abfallenden Hügeln ein renommierter weißer Dessertwein angebaut, vergleichbar dem Sauternes. Das Schloß wurde um 1550 erbaut mit mittelalterlichen Rundtürmen und reizvollen Renaissance-Formen.

Les Eyzies-de-Tayac Kleiner Ort am Zusammenfluß von Vézère und Beune, rund 50 km südöstlich von Périgueux. Das Dorf (800 Einwohner) wurde weltweit bekannt durch eine große Anzahl prähistorischer Funde. Unter anderem wurden 1868 in der Höhle von Cro-Magnon zwischen Les Eyzies und Tayac Skeletteile von Menschen aus der Altsteinzeit gefunden. Eine große Steinskulptur dieser Urmenschen steht über dem kleinen Dorf.

In den zahlreichen Höhlen dieses Landstrichs wurden nicht nur früheste Felsbilder entdeckt – Hirsche, Bisons, Stiere, Wildschweine und Pferde –, sondern auch mehrere prähistorische Siedlungsplätze der Altsteinzeit vor etwa 40 000 Jahren. Voller Stolz nennt sich Les Eyzies auch das »Weltzentrum der Prähistorie«. Das *Museum für Urgeschichte* ist im ehemaligen Schloß der Herren von Beynac auf einer Felsterrasse untergebracht. Es gibt einen guten Überblick über die Entwicklung der Werkzeugtechnik und der eiszeitlichen Kunst.

Musée national de Préhistoire
Tel. 53 06 97 03
1. März–1. Dez. 9.30–12 Uhr und 14–18 Uhr (Dez.–Ende Feb. nur bis 17 Uhr)
Eintritt 18 FF

Château Monbazillac: mittelalterliches Schloß und Weingut

Geschichte auf einen Blick

72 v. Chr. Gründung der gallischen Stadt Lugdunum Convenarum (St-Bertrand-de-Comminges).

56 v. Chr. Crassus, Feldherr des Cäsar, erobert Aquitanien. Bald darauf wird Burdiglia (Bordeaux) gegründet.

276 n. Chr. Erste germanische Invasion.

5. Jh. Bordeaux ist Hauptstadt der Provinz Aquitania secunda, der Weinhandel floriert. Nach dem Zerfall des Römischen Reiches kämpfen die eindringenden Franken um die Macht.

6. Jh. Aus den Pyrenäen dringen die Vasconen ein, ein wildes Bergvolk, von denen vermutlich die Basken abstammen. Sie lassen sich zwischen der Garonne und den Pyrenäen nieder.

732 Die Araber dringen bis zur Loire vor. Der fränkische Feldherr Karl Martell schlägt sie in der Schlacht von Tours und bei Poitiers.

778 Karl der Große gründet das Königreich Aquitanien. Der fränkische Herzog Roland (»Der Treue«) wird bei Roncevaux von Basken getötet.

848 Die Normannen fallen ein und zerstören Bordeaux.

Um 1000 Beginn der großen Pilgerzüge nach Santiago de Compostela in Nordwestspanien. Jährlich ziehen 500 000 Menschen über Tours, Saintes und Bordeaux Richtung Spanien.

1058 Gründung der Union der Herzogtümer Aquitanien und Gascogne.

1152 Eleonore von Aquitanien, eine der faszinierendsten Frauen des Mittelalters, heiratet den Normannen-Herzog Henri Plantagenêt. In erster Ehe war sie mit dem König von Frankreich, Ludwig VII., vermählt. Zwei Monate nach Eleonores zweiter Hochzeit wird der Normannen-Herzog Henri durch Erbfolge Herrscher über England. Auf diese Weise fällt ganz Westfrankreich an die englische Krone. Dem französischen König bleibt nicht einmal die Hälfte seines Landes.

1154 Der König von England wird formell zum Herzog von Aquitanien.

1154–1345 Fast zwei Jahrhunderte sind von Auseinandersetzungen zwischen den Erbfeinden England und Frankreich gekennzeichnet. Die meisten aquitanischen Städte fühlen sich jedoch unter englischer Herrschaft recht wohl und empfinden nicht französisch.

1345 Der Krieg zwischen England und Frankreich beginnt. Er wird über 100 Jahre dauern und anfänglich Frankreich fürchterliche Niederlagen einbringen.

1453 Das Kriegsglück hat sich zugunsten der Franzosen gewandelt. Der Legende nach gewinnt Johanna, die Jungfrau von Orléans, die letzte entscheidende Schlacht gegen die Briten. Der Krieg wird beendet. England zieht sich vom europäischen Festland nahezu völlig zurück. Nur Calais am Kanal bleibt englisch.

1562 Die Hugenottenkriege, französische Religionskriege, brechen aus. Katholiken kämpfen mit großer Grausamkeit gegen Hugenotten (Protestanten).

Schloß Roquetaillade, südöstlich von Bordeaux

1589 Heinrich von Navarra wird König Heinrich IV. von Frankreich.

1598 Heinrich IV. beendet die Religionskriege. Im Edikt von Nantes sichert er den Protestanten freie Religionsausübung zu.

1660 König Ludwig XIV. von Frankreich (der Sonnenkönig) heiratet in St-Jean-de-Luz die spanische Infantin Maria Theresia.

1685 Blutige Bartholomäusnacht in ganz Frankreich. Ludwig XIV. nimmt Heinrichs Toleranz-Edikt zurück. Tausende von Hugenotten werden getötet. Allein in Bordeaux sterben in einer Nacht 2500 Protestanten.

18. Jh. Goldenes Zeitalter für Aquitanien, besonders für Bordeaux. Florierender Weinhandel, Errichtung bedeutender Bauten.

1748 Montesquieu veröffentlicht »L'Esprit des Lois«.

1789 Französische Revolution. Auch in Bordeaux rebelliert das Volk. Die Revolutionäre von der Gironde (Girondisten) widersprechen der harten Linie der Jakobiner. Zahlreiche Girondisten müssen aufs Schafott.

1788–1867 In dieser Zeit wird die öde Heidelandschaft der Landes nutzbar gemacht. Die Wanderdünen an der Atlantikküste werden durch die Anpflanzung endloser Kiefernwälder fixiert.

1870, 1914, 1940 In den drei deutsch-französischen Kriegen wird Bordeaux zeitweilig Sitz einer provisorischen französischen Regierung.

1944–45 Besetzung Frankreichs durch deutsche Truppen. Innerhalb kürzester Zeit bauen die Deutschen den Atlantikwall: Geschützbunker an der gesamten Küste. Ein englischer Fliegerangriff zerstört das Seebad Royan an der Gironde, in dem sich deutsche Besatzungstruppen bis zuletzt gehalten hatten.

1951 Frankreichs größtes Erdgasvorkommen wird bei Lacq entdeckt.

1954 In den Landes beginnt bei Parentis die Erdölförderung.

Info

Auskunft

In der Bundesrepublik Deutschland:
Französisches Fremdenverkehrsamt
- Kaiserstr. 12
  6000 Frankfurt 1
  Tel. 069/75 60 83–0
- Berliner Allee
  4000 Düsseldorf
  Tel. 0211/8 03 76

In Frankreich:
Fremdenverkehrsämter der Départements von Aquitanien
- Dordogne: Périgueux
  Tel. 53 53 44 35
- Gironde: Bordeaux
  Tel. 56 52 61 40
- Landes: Mont-de-Marsan
  Tel. 58 75 84 40
- Lot-et-Garonne: Agen
  Tel. 53 66 14 14
- Pyrénées-Atlantiques: Pau
  Tel. 59 27 60 53

Auto

Autobahn:
In Frankreich ist das Fahren auf der Autobahn ein relativ teures Vergnügen. Die Strecke Paris–Bordeaux kostet 190 Francs (Sommer '89). Das Benzin ist fast 50 Prozent teurer als in der BRD. Bleifreies Benzin (nur Super) kostet einen Franc mehr pro Liter als verbleiter Kraftstoff. Außerdem läßt die Netzdichte von Bleifrei-Tankstellen noch zu wünschen übrig. Es wird eine verwirrende Auswahl von Super-Bleifrei-Kraftstoffen angeboten. Am besten erkundigen Sie sich vorher, was Ihr Wagen braucht. Sie können sich auch beim ADAC oder beim Französischen Fremdenverkehrsamt eine aktuelle Liste von Bleifrei-Tankstellen besorgen.

Parken:
Gelbe Streifen am Straßenrand: strengstes Parkverbot. Blaue Zonen (zone bleue), gekennzeichnet durch blaue Ringe um die Straßenlaternen, nur mit Disque an der Windschutzscheibe, erhältlich in Tabakläden und an Tankstellen. Die Parkuhren schlucken 3–4 Francs in der Stunde.

Unfall:
Die grüne Versicherungskarte ist zwar keine Pflicht mehr, hilft aber der meist komplizierten Unfallregelung. Die Polizei kommt nur noch bei Unfällen mit Personenschäden. Bei Blechschäden Unfallfotos machen. Der ADAC-Auslandsnotruf München hilft auch Nichtmitgliedern mit Ratschlägen. Tel. aus Frankreich: 1949/89 22 22 22.

Verkehrsregeln:
Höchstgeschwindigkeiten: Auf Autobahnen 130 km/h. Schnellstraßen mit zwei getrennten Fahrtstreifen 110 km/h, bei Nässe 100 km/h. National- und Départementstraßen 90 km/h, bei Regen 80 km/h. In Ortschaften 60 km/h. Kaum ein französischer Autofahrer hält diese Begrenzungen ein, obwohl die Polizei (besonders an Sonntagen) scharf kontrolliert. Hupen ist auch in Südfrankreich nur bei Gefahr erlaubt. Motorradfahrer müssen am Tag mit Abblendlicht fahren, ebenso Autos bei Nebel oder Regen. Führerschein-Neulinge dürfen im ersten Jahr nicht schneller als 90 km/h fahren. Alle anderen Regelungen (Alkohol, Anschnallpflicht, Vorfahrtsregeln) wie in der Bundesrepublik.

Banken

In größeren Städten haben Banken von Mo–Fr durchgehend von 9–16 Uhr geöffnet; in kleineren Städten von 9–12 Uhr und 14–16 Uhr.

Camping

Frankreich ist ein Campingparadies. Auch in Aquitanien weisen überall Schilder auf Campingplätze hin. Sie werden kontrolliert und in entsprechende Kategorien unterteilt (1 bis 4 Sterne). Für die Hauptferiensaison im Juli und August ist eine rechtzeitige Reservierung unbedingt nötig. Das Französische Fremdenverkehrsamt schickt Ihnen gern und kostenlos den »Guide de Camping« für Südwestfrankreich und den Atlantik zu. Wildes Zelten ist verboten. Im Notfall sollten Sie die Erlaubnis beim Grundstücksbesitzer oder auf dem Bürgermeisteramt der betreffenden Gemeinde (Mairie) einholen.

Unter diesen Adressen erhalten Sie weitere Informationen über Camping in Frankreich.

ADAC
Am Westpark 8
8000 München 70
Tel. 089/76 76−0
Deutscher Camping-Club (DCC)
Mandlstr. 28
8000 München 40
Tel. 089/33 40 21
Association Nationale du Camping en ferme d'Acceuil (Camping auf dem Bauernhof)
B. P. 901
12009 Rodez Cedex

Diplomatische Vertretungen
Botschaft der Bundesrepublik Deutschland in Paris
13−15, av. Franklin D. Roosevelt
Tel. 1/42 99 78 00
Generalkonsulat der Bundesrepublik Deutschland in Bordeaux
377, bd. du Président Wilson
Tel. 56 08 60 20
Konsulat der Republik Österreich
68, cours Stuttenberg
Tel. 56 48 57 57
Schweizer Konsulat
4, cours Xaver Arnozan
Tel. 56 48 57 57

Feiertage
1. Januar
Ostermontag
1. Mai (Tag der Arbeit)
8. Mai (Tag der deutschen Kapitulation 1945)
Christi Himmelfahrt
Pfingstmontag
14. Juli (Nationalfeiertag)
15. August (Mariä Himmelfahrt)
1. November (Allerheiligen)
11. November (Waffenstillstandstag – Erster Weltkrieg)
25. Dezember

FKK
Frankreichs Südwesten hat das größte FKK-Zentrum Europas: Monalivet (Département Gironde) an der Atlantikküste Côte d'Argent. Weitere Anlagen: Euronat (Gironde), La Serenite und Arnaoutchot (beide Landes) sowie drei FKK-Zentren in der Dordogne. Die genauen Adressen sowie einen Lageplan und präzise Beschreibungen der Zentren finden Sie im FKK-Führer »Guide Naturiste Français«, zu beziehen für 15 FF bei
SOCNAT
16, rue Drouot
75009 Paris
Tel. 1/2 46 43 87

Jugendherbergen
Zur Übernachtung ist ein internationaler Jugendherbergsausweis erforderlich, erhältlich beim Deutschen Jugendherbergswerk. Für Aquitanien gilt das »Internationale Jugendherbergsverzeichnis I – Europa und Mittelmeerländer«. Außerdem gibt es über die französischen Fremdenverkehrsbüros Auskünfte und kostenlose Verzeichnisse der betreffenden Region.
Informationen:
Deutsches Jugendherbergswerk
Bismarckstr. 8
4930 Detmold
Tel. 05231/7 40 10
Fédération Unie des Auberges de Jeunesse (FUAJ)
6, rue Mesnil
75116 Paris
Tel. 1/45 05 13 14

Kinder

Aquitanien ist eine kinderfreundliche Gegend. Die Raststätten verfügen fast alle über Spielplätze, Wickeltische und Kindermenüs. Auch auf den Campingplätzen ist man auf Kinder eingestellt. In etlichen Orten gibt es einen Babysitting-Service; fragen Sie im Hotel danach. An den überwachten Stränden findet man während der Hauptsaison »Mini-Clubs«, in denen Kinder unter Aufsicht spielen und Sport treiben können.

Besonders gute Möglichkeiten für Urlauber mit Kindern bietet der Badeort Hourtin. Kinder von 3 bis 6 Jahren werden im Kinderhaus »Maison de la Petite Enfance« betreut, wo täglich Spiele organisiert werden. Für 7- bis 13jährige ist das riesige Spielgelände »L'Ile aux Enfants et son Château Fort« ideal. Information:

Maison de la station
Hourtin
Tel. 56 09 19 00

Medizinische Versorgung

Apotheken (pharmacies) sind durch ein großes grünes Kreuz gekennzeichnet. Die Öffnungszeiten sind nicht einheitlich geregelt. Oft nicht nur sonntags, sondern auch am Samstag und Montag geschlossen. Den medizinischen Bereitschaftsdienst erfahren Sie über Polizei und Gendarmerie: Tel. 17
Beim Arztbesuch ist die Rechnung sofort zu begleichen. Einige bundesdeutsche Privatkassen verlangen zur Abrechnung die Diagnose des französischen Arztes. Lassen Sie sich deshalb die »diagnostique« mitgeben. Es ist ratsam, sich vor der Abreise einen europäischen Krankenschein zu besorgen, mit dem etwaige Kosten über die französische Krankenkasse abgerechnet werden können.

Die wichtigsten Krankenhäuser in den wichtigsten Städten:

Arcachon: Hôpital
Tel. 56 89 39 50
Bayonne: Centre hospitalier
Tel. 59 63 50 50
Bergerac: Hôpital
Tel. 53 57 77 77
Blaye: Hôpital
Tel. 56 42 00 26
Bordeaux: Centre hospitalier
Tel. 56 96 84 50
Dax: Centre hospitalier
Tel. 58 74 48 48
Libourne: Hôpital
Tel. 56 51 50 50
Mont-de-Marsan: Centre hospitalier
Tel. 58 75 54 55
Pau: Centre hospitalier
Tel. 59 32 84 30
Périgueux: Centre hospitalier
Tel. 53 09 51 51
St-Jean-de-Luz: Hôpital
Tel. 59 63 33 33

Notruf

Polizei: Tel. 17
Feuerwehr: Tel. 18
Pannen-Notruf und Straßenhilfsdienste:
Paris
Tel. 1 45 02 14 50 (rund um die Uhr)
Auslands-Notruf des ADAC von Frankreich aus
Tel. 19/49/89/22 22 22
Deutschsprachiger Notruf des ADAC in Frankreich
Paris
Tel. 1 45 00 42 95
Bordeaux
Tel. 56 44 46 81

Öffentliche Verkehrsmittel
Bahn

Das französische Eisenbahnnetz ermöglicht ein schnelles und bequemes Reisen. Es gibt folgende Züge, die teilweise mit Liegewagen (couchettes) und Speisewagen ausgestattet sind:
Express: internationale und bedeutende Fernzüge, die nur in größeren Städten halten.

Rapides: Schnellzüge des Inlandsverkehrs, die nur in größeren Städten halten.
Directs: Eilzüge.
Omnibus: Personenzüge, die alle Stationen bedienen.
Autorail: Besonders gekennzeichnete »Directs« oder »Omnibus«, Dieseltriebwagen, die an fast jedem Ort halten.
Ermäßigungen:
Für ausländische Besucher sind folgende ermäßigte Fahrkarten interessant: Die Ferienkarte »France Vacances« berechtigt zu Fahrten auf dem gesamten Netz der französischen Eisenbahn SNCF. Für zuschlagpflichtige Züge muß kein Zuschlag gezahlt werden. Die Karte (1. und 2. Kl.) gilt einen Monat lang, in diesem Zeitraum sind Reisen an 9 bzw. 16 Tagen möglich. Bei Vorlage der Karte erhält man Ermäßigungen auf Boots- und Stadtrundfahrten, auf Eintrittspreise der »monuments nationales« etc.
Die Touristenkarte »Billet de Séjour« ist 2 Monate lang gültig und setzt voraus, daß man sich mindestens 5 Tage lang in Frankreich aufhält. Sie gewährt ab einer Strecke von 1000 km 25 Prozent Ermäßigung und wird für Hin- und Rückfahrten, Rund- und Transitreisen ausgegeben.
Die Juniorpässe »Carte Jeune« und »Carré Jeune« gibt es für Jugendliche von 12 bis 26 Jahren. Sie gelten von Juni bis Sept. (Carte Jeune) bzw. ein Jahr (Carré Jeune). Für eine beschränkte Zahl von Reisetagen werden 50 bzw. 20 Prozent Ermäßigung gewährt. Generell ist zu sagen, daß man mit der SNCF preisgünstiger reisen kann als mit der Deutschen Bundesbahn.
Bus
Aquitanien ist von einem dichten Netz von Buslinien überzogen, die hauptsächlich von privaten Unternehmern betrieben werden. Die Busse fahren jedoch nicht immer pünktlich. Fahrpläne gibt es in den Fremdenverkehrsbüros. In größeren Städten fahren die Busse vom zentralen Busbahnhof ab.
Flugzeug
Von Düsseldorf, Frankfurt, Hamburg, Hannover, München und Stuttgart sind Flüge nach Bordeaux via Paris möglich. Von Paris aus erreichen Sie direkt Pau, Agen, Bordeaux. Auskünfte erteilt das jeweilige Stadtbüro der Air France.

Paß/Visum

Touristen aus der Bundesrepublik und der Schweiz benötigen für die Einreise nach Frankreich einen mindestens noch 3 Monate gültigen Personalausweis oder Reisepaß. Kinder unter 16 Jahren einen Kinderausweis oder den Eintrag im Elternpaß.

Post

Die Postämter sind im allgemeinen von 8–12 und von 14–18 Uhr geöffnet, samstags von 8–12 Uhr. Briefmarken verkaufen außer den Postämtern auch Tabakläden. Ein Brief innerhalb der EG kostet 2,20 FF, eine Ansichtskarte 2 FF. Postschecks können eingelöst werden.

Rundfunk

In Frankreich gibt es neben den großen staatlichen Sendern eine Vielzahl von Regionalwellen. Nachrichten und Verkehrsnachrichten erfahren Sie am besten von der Autofahrer-Reisewelle, deren jeweilige Frequenz auf den Autobahnschildern angegeben ist. Das deutschsprachige Programm der Deutschen Welle kann man auf folgenden Kurzwellen-Frequenzen empfangen:
KW 9545 kHz (31-m-Band) Sendezeit von 7 bis 19 Uhr
KW 6075 kHz (49-m-Band) Sendezeit rund um die Uhr

Stromspannung

Die Netzspannung beträgt in Frankreich einheitlich 220 Volt. In der

Bundesrepublik Deutschland vorgeschriebene Schukostecker können nicht verwendet werden. Die nötigen Adapter gibt es in fast jedem Elektrogeschäft.

Tabak

Zigarettenautomaten werden Sie in Frankreich kaum finden. Tabakwaren gibt es an der Bar im Bistro oder Café. Oder in der Tabac-Bar. Sie ist von außen mit einem roten Rhombenzeichen erkenntlich. Die Tabac-Bar ist im örtlichen Leben einer französischen Kleinstadt eine Institution. Hier werden nicht nur Zigaretten gehandelt, sondern auch Angelkarten, Steuermarken, Briefmarken, Kugelschreiber, Bonbons etc. Der Tabakladen ist gleichzeitig auch Lotterieannahmestelle – und wer nach einer Straße sucht oder wissen will, wann der nächste Bus fährt, kann sich getrost an die Leute im »Tabac« wenden.

Telefon

Sie können am günstigsten von den Postämtern telefonieren. Es gibt zwar eine ausreichende Zahl von Telefonzellen, doch sollte man folgendes beachten: Auf dem Dorf und in kleineren Städten funktionieren die meisten mit Francs-Münzen, in größeren Städten jedoch mit Telefon-Karten, die Sie bei der Post oder im Tabakladen bekommen. Es gibt die »Télécarte« zu 40 oder 120 Einheiten.

Vorwahlnummern:
Von der Bundesrepublik nach Frankreich: 00 33/Vorwahlnummer der Stadt
Von Frankreich in die Bundesrepublik: 19/49/Vorwahlnummer der Stadt ohne Null (Schweiz: 19/41, Österreich: 19/43)
Aus der französischen Provinz nach Paris und in die Region Île de France: 16/1
Wichtig: Seit einigen Jahren muß in Frankreich immer die gesamte achtstellige Nummer (Vorwahl- und Rufnummmer) gewählt werden, selbst innerhalb des Ortes.
Spartarif:
Mo–Fr 21.30–8 Uhr, Sa ab 14 Uhr, an Sonntagen und französischen Feiertagen. Generell ist das Telefonieren in Frankreich wesentlich billiger als in der Bundesrepublik.

Weinschloß Cos d'Estournel im Médoc

Tiere

Für Katzen und Hunde unter 3 Monaten gilt Einreiseverbot. Für Tiere bis zu einem Jahr ist eine tierärztliche Bestätigung erforderlich, daß der Hund gegen Tollwut, Staupe und Hepatitis geimpft ist, die Katze gegen Katzenseuche und Tollwut. Diese Bescheinigung darf nicht älter als 2 Monate und nicht neuer als 30 Tage sein. Für Tiere über einem Jahr verlangen die französischen Behörden nur noch die Tollwutschutzimpfung. Weitere Informationen:
Deutscher Tierschutzbund
Baumschulallee 15
5300 Bonn
Tel. 0228/63 12 64
Oder: **Service vétérinaire de la santé de la protection animale**
175, rue du Chevaleret
75646 Paris
Cedex 13

Trinkgeld

Man sollte im Restaurant je nach Zufriedenheit ein Trinkgeld zwischen 5 und 10 Prozent der Rechnung geben. Auch die Platzanweiserin im Kino, die Garderobenfrau, der Taxifahrer, Friseur und Museumsführer erwarten ein kleines »pourboire«.

Versicherung

Der Abschluß einer Reisegepäckversicherung ist grundsätzlich zu empfehlen. Ob sich eine zusätzliche Auslands-Krankenversicherung lohnt, hängt von den Leistungen Ihrer Krankenkasse ab. Wer mit dem Auto unterwegs ist, sollte über eine Vollkaskoversicherung für die Dauer des Urlaubs nachdenken. Eine sehr nützliche Einrichtung ist der Euro-Schutzbrief des ADAC.

Zeit

In Frankreich gilt wie in der Bundesrepublik Deutschland die mitteleuropäische Zeit.

Zeitungen

Das Angebot an deutschen Zeitungen ist in Frankreich außerhalb Paris nicht gerade überwältigend. In den größeren Zeitschriftenläden der Großstädte erhalten Sie überregionale deutsche Zeitungen nur mit tagelanger Verspätung.
Wer mehrere Wochen an seinem Ferienort bleibt und auf sein Lieblingsblatt nicht verzichten kann, sollte sich die Zeitung nachschicken lassen. Allerdings wird sie dadurch auch nicht frischer. Also sollten Sie lieber auf die französische Presse umsteigen. Sie ist sehr vielfältig – und außerdem gut für Ihre Sprachkenntnisse.

Zoll

Gegenstände des persönlichen Bedarfs sind zollfrei, wenn sie wieder ausgeführt werden. Abgabefrei sind: 2 Fotoapparate mit je 24 Kassetten oder 10 Filmen; 1 Kleinformat-Filmkamera mit 10 Filmen, Fernglas, Dia-Projektor, Reiseschreibmaschine, Tonbandgerät u. ä.
In EG-Ländern dürfen Personen über 15 Jahren Waren bis zu einem Wert von DM 780 zollfrei ein- und ausführen. Personen über 17 Jahren dürfen zollfrei mitnehmen: 300 Zigaretten oder 150 Zigarillos oder 75 Zigarren oder 400 g Tabak sowie wahlweise 1,5 l Spirituosen über 22 Prozent, 3 l unter 22 Prozent, 3 l Likörwein oder Schaumwein, 5 l sonstigen Wein.
Es lohnt sich nicht, mehrere Kisten Wein zu schmuggeln. Die Zollabgaben sind verschwindend gering, erhöhen sich aber drastisch, wenn Sie erwischt werden. Sie müssen dem Zollbeamten nur die Rechnung (facture) Ihres französischen Weinhändlers oder Winzers vorlegen. Innerhalb der EG darf Wein bis zu einem Wert von DM 800 ausgeführt werden.

Register

Bei der alphabetischen Einordnung wurden à, d', de, del, der, des, du sowie l', la, le und les (ausgenommen Orts- und Städtenamen) nicht berücksichtigt. Namen in Anführung bezeichnen Hotels. Wird ein Begriff mehrmals aufgeführt, verweist die **halbfett** gedruckte Zahl auf die Hauptnennung.

Abri du Cap Blanc 44
Adour 5, **52**, 53, 69
Adour-Brücke, Bayonne 53
Aire-sur-l' Adour 78
Alameda del Boulevard, San Sebastian 41 f.
Alter Fischereihafen, Arcachon 47, 48
Amou 29
Andernos-les-Bains 51
Anglet 29, **55**
Aquarium und Tiermuseum, Arcachon 48, 50
Arcachon 5, 9, 11, 16, 17, 29, 32, 36, 45, 46, **47–51**
»Arc-Hôtel«, Arcachon 50
Arènes, Périgueux 80
Arès 51
»Aria«, Bayonne 54
Asasp-Arros 36
Ascain 29
Atlantik 5, 8, 15, 16, 30
Audenge 51
Avenue M. Leclerc, Bayonne 54

Bas-Armagnac 28, 72
Baskenland 6, 14, 16, 18, **35 f.**
Bassin d' Arcachon 11, 36, **48**, 51
Bastide, Labastide d' Armagnac 72
Bayonne 8, 15, 29, 35, 36, **52–55**
Bayonne-Boucau 52
Béarn 6, 10, 73, 74
Belin-Béliet 36
Berceau-de-St-Vincent-de-Paul 72
Bergerac 83
Bernadotte, General 74, 76
Beynac 44
Biarritz 9, 12, 27, 29, 30, 35, 37, **56–59**
Bidarry 29
Biscarrosse-Plage **32**, 46
Blaye 37
Bordeaux 8, 9, 12, 15, 19, 27, 28, 29, 37, 46, **61–68**, 85
Bordelais 6, 12, 16, 18 f., **36 f.**
Boulevard Gounouilhou, Arcachon 48
– des Pyrénées, Pau **10**, 76

Cyrano-Denkmal, Bergerac 83

Dax 69–72
Despiau-Museum, Mont-de-Marsan → Donjon de Lacataye
Domme 43
Donjon de Lacataye, Mont-de-Marsan 72
Dordogne, Département 6
Dordogne, Fluß 5, 12, 46, 61
Dubalen-Museum, Mont-de-Marsan 72
Dumas, Alexandre 13
Dune de Pilat, Pilat-Plage 9, 47, 48, **50**

Eléonore von Aquitanien 12, 62, 85
Entrepot Lainé, Bordeaux 64
»L' Epricerie«, Bordeaux 67
Espelette 35
Esplanade Charles-de-Gaulle, Dax 71
– des Quinconces, Bordeaux 61, **63**, 65
Etang de Cazaux 46
Eugénie, Kaiserin 12, 56, 78
Eugénie-les-Bains 10, 12 f., **78 f.**
»Eurotel«, Biarritz 58

Felsenkirche, St-Emilion 68
Fischereihafen, St-Jean-de-Luz 59
Fontaine Chaude, Dax → Source de la Néhe
Font-de-Gaume, Höhle, bei Les Eyzies-de-Tayac 44

Gänse- und Entenmarkt, Aire-sur-l' Adour 78
Galérie des Beaux Arts, Bordeaux 64
Garonne 5, 46, 61
Gascogne 5, 6, 10, 13, 16, 19, **22**, 23
»Le Gascogne«, Arcachon 50
Gironde, Département 6, 45
Gironde, Fluß 5, 11
Girondistensäule, Bordeaux 61, **63**
»Gramont«, Pau 77

La Grande Plage, Biarritz 56
– Veyrier-Montagnères, Arcachon 48
Bouliac 66
Bourg 37
»Bristol«, Pau 77
»Bristol«, Périgueux 83
Bucht von Arcachon 47, **48**
(→ auch Bassin Arcachon)
Bunker (Atlantikwall) 6, 86

Cahors 14
Campagne 44
Cambo-les-Bains 15, 35, **55**
Capbreton 16, **32**, 52
Cap-Ferret 51
Carl XIV. → Bernadotte, General
Casino, Arcachon 47, 48, 51
Casino, Dax 72
Castillo de la Mota, Monte Urgull 41
Cazaux 6
Centre Jean-Moulin, Bordeaux 63
Château, Eugénie-les-Bains 78, 79
Château, Pau **74**, 76
– d' Andurain, Mauléon-Licharre 36
– Barrière, Périgueux 81
– de Beychevelle, Médoc 68
– la Brède, Labrède 14, 37, **68**
– Castelnaud, Beynac 44
– de Certes, Audenge 51
– de Fages, St-Cyprien 44
– Fayac 44
– Laffitte, bei Pauillac 68
– Latour, bei Pauillac 68
– Malagar, Bordelais 14
– Margaux, Médoc 68
– Les Milandes 44
– Monbazillac, bei Bergerac 84
– Mouton-Rothschild, bei Pauillac 68
– d' Yquem, bei Bordeaux 15
Cibourne 29, 35
Les Combarelles, Höhle, bei Les Eyzies-de-Tayac 44
Condom 29
Côte d' Argent 6, 16, **32, 33**, 46, 47, 88
– basque 11, 29, **32**

94 Register

Crassus **11**, 85
Cro-Magnon, Höhle, Les-Eyzies-de-Tayac 84
»Grand Hôtel de Bordeaux«, Bordeaux 66
»Grandhôtel du Palais«, Biarritz 58
Grand Pont, Libourne 37
– Théâtre, Bordeaux 61, **63**
Graves 20, 21, 46, 68
Grosse Cloche, Bordeaux 63
Gurmançon 79

Hafen, Bordeaux 64
Hélette 29
Henri IV. 10, 13, **73f.**, 86
Henri-IV-Denkmal, Pau 76
Hossegor 32, 52
»Hôtel des Basses-Pyrénées«, Bayonne 54
»Hôtel Central«, Pau 77
»Hôtel du Théâtre«, Bordeaux 66
Hôtel de Ville, Bergerac → Musée du Tabac
Hôtel de Ville, Bordeaux 64
Hourtin **32**, 36, 89
Hourtin-Plage 32
Hugo, Victor 74
La Hume, Arcachon 48

»Ibis«, Périgueux 83
Iglesia Matriz, San Sebastian 42
Iholdy 29
Ile aux Oiseaux, Bassin d'Arcachon 45, **51**

Jardin à la Française, Cambo-les-Bains 55
– public, Bordeaux 65
Jurade, St-Emilion 9, 12, 29

Karl der Große 52, 55, 62, 85

Labastide d'Armagnac 29, **72**
Labrède 37, 68
Lacanau-Océan **32**, 46
Lac d'Hossegor 32
Lac d'Hourtin-Carcans 32, 36
Lacq 12, 86
Landes 6, 22, 69, 72
Lanne 36
Larceveau-Arros-Cibits 36
La Roque-Gageac 43
Le Bouilh 37
Les Eyzies-de-Tayac 44, **84**
Le Teich 45, 51
Leuchtturm, Cap-Ferret 51
Libourne 37, 68
Listrac 20

Lot-et-Garonne 6, 15, 16, 22
Lourdes 29
»Loustau«, Bayonne 54f.

Maison des Dames de Foy, Périgueux 82
Marennes 11, 17
Margaux 20
Maria Theresia 59, 86
Markt, Bergerac 9, 83
Markthalle, Arcachon 48
Mauerreste, Dax 70, 71
Mauléon-Licharre 36
Mauriac, François 14
Médoc 15, 20, 21, 29, 46, 51, **68**
»Mercure Agora«, Bayonne 55
Mimizan-Plage 29, 32
Monalivet, Côte d'Argent 88
Montaigne, Michel de 13
Montalivet-les-Bains 33
Montesquieu, Baron de **13f.**, 37, 68, 86
Monte Urgull 41
Mont-de-Marsan 14, 29, **72**
Moulis 20
Musée d'Aquitaine, Bordeaux 64f.
– des Arts Décoratifs, Bordeaux 64
– Basque, Bayonne 53
– Béarnais, Pau 74, 76
– des Beaux Arts, Bordeaux 65
– des Beaux Arts, Pau 76
– Bernadotte, Pau 76
– Bonnat, Bayonne 54
– de Borda, Dax 71
– d'Histoire Naturelle, Bordeaux 65
– de Marine, Bordeaux 65
– de la Mer, Biarritz 56
– National de Préhistoire, Les Eyzies-de-Tayac 84
– du Périgord, Périgueux 82
– du Tabac, Bergerac 83
Museum Kloster San Telmo, San Sebastian 42

»Le Nautic«, Arcachon 50
»Le Normandie«, Bordeaux 67
Notre-Dame, Bergerac 9, 83
Notre-Dame, Bordeaux 63
Notre-Dame, Dax 71
Notre-Dame-de-Buglose 72

Öko-Markt, Bordeaux 65
Oloron-Ste-Maria 36, **79**
Orthez 29
Ozeanisches Museum, San Sebastian 42

Palacio del Mar, San Sebastian → Ozeanisches Museum
– Real, San Sebastian 42
»Palacito«, Biarritz 58
Palais de bourse, Bordeaux 9, 61, 64
– Gallein, Bordeaux 64
– des Pyrénées, Pau 76
– Rohan, Bordeaux → Hôtel de Ville
Parc Beaumont, Pau 76
– de Mousserolles, Bayonne 53
– National, Pau 76
– ornithologique, Le Teich 45, 51
– Régional des Landes de Gascogne 45
Parentis 86
»Paris«, Pau 77f.
Pau 8, 10, 12, 35, 36, **73–79**
Pauillac 20, **68**
Périgord 5, 6, 10, 15, 16, 19, 43, 81
Périgueux 8, **80–84**
La Perspektive, Biarritz 56
Pic du Midi de Bigorre 73
– du Midi d'Ossau 73
– d'Ohry 73
Pilat-Plage 50
Place de la Bourse, Bordeaux 64
– Clemenceau, Pau 74, 76
– de la Comédie, Bordeaux 63
– de la Fontaine-Chaude, Dax 71
– Louis XIV., St-Jean-de-Luz 59
– de la République, Bayonne 52
– Royale, Pau 76
Plage de la Côte de Basque, Biarritz 56
Plateau de l'Atalaye 56
Playa de la Concha, San Sebastian 41
– de Gros, San Sebastian 41
– de Ondarreta, San Sebastian 41
»Plaza«, Biarritz 58
Pointe de Grave 33
Pointe St-Martin, bei Biarritz 56
Pont Marengo, Bayonne 54
– de Pierre, Bordeaux 9, 61, 63
– St-Esprit, Bayonne 54
Port d'Albret 52
Porte Cailhau, Bordeaux 61, **64**
Porte de Mars, Périgueux 81
Prechacq-Bains 72
»Les-Prês-d'Eugénie Michel Guérard, Eugénie-les-Bains« 10, **78, 79**
Promenade des Remparts, Dax 71

Register 95

Pyla-sur-Mer 11, 50
Pyrenäen 5, 6, **10, 14**, 30, 35, 36, 41, 45, 73, 85

Quai de l'Isle, Libourne 37
– Louis XVIII., Bordeaux 65
– Suchet, Libourne 37
Quercy 14

Rathaus, San Sebastian 41 f.
Ravel, Maurice 35
Les Récoltes, Bergerac 83
»Regina«, Dax 71
»Le Richelieu«, Dax 72
»Roncevaux«, Pau 78
»Royal Medoc«, Bordeaux 67
Rue de Port-Neuf, Bayonne 53, 54
– Romaine, Périgueux 81
– Thiers, Bayonne 53

St-André, Bordeaux 9, 61, **62 f.**
– Bertrand-de-Comminges 85
– Croix-du-Mont 29
– Cyprien 44
– Eloi, Andernos-les-Bains 51
– Emilion 9, 12, 21, 28, 29, 37, **68**
– Esprit, Eglise, Bayonne 53
– Esprit, Zitadelle, Bayonne 54
– Estèphe 20, 46
– Etienne, Cahors 14
– Etienne-de-la-Cité, Périgueux 81
– Front, Périgueux 80 f.
– Gaudens 15
– Jean-Baptiste, St-Jean-de-Luz 59

– Jean-de-Luz 9, 16, 27, 29, 35, **59**, 86
– Jean-Pied-de Port 35, 36, **55**
– Julian 20
– Laurent 20
– Michel, Bordeaux 9, 61, **62**, 65
– Palais 29, 36
– Paul-les-Dax, Dax 71
– Pierre, Bordeaux 65
– Sever 29
– Seurin, Bordeaux 63
– Vincent-des-Xaintes, Dax 71
Ste-Croix, Bordeaux 63
– Croix, Oloron-Ste-Marie 79
– Marie, Bayonne 52, **53**
– Marie, Oloron-Ste-Marie 36, **79**
– Quitterie du Mas, Aire-sur-l'Adour 78
Sanguinet 46
San Sebastian 35, **37, 41 f.**
– Telmo, San Sebastian 42
– Vincente, San Sebastian 42
Santa Maria, San Sebastian → Iglesia Matriz
Sarlat 10
Sarlat-la-Canéda 10, 43, 44
Ségos 78
Soulac-sur-Mer 33
Source de la Néhe, Dax 70, **71**
»Splendid«, Dax 72
Stierkampf 14, 72

Tal des Adour 78
Tal der Dordogne 5, **10, 43 f.**
Tarbes 29

Théâtre de Verdurre, Pau 76
Thermal- und Kurzentrum, Dax → Source de la Néhe
Tiermuseum, Arcachon → Aquarium und Tiermuseum
Tour Vésone, Périgueux 81
Tropfsteinhöhlen, Domme 43
Tucholsky, Kurt 73

Urzumu, bei Cambo-les-Bains 15

»Les Vagues«, Arcachon 50 f.
Valentine 15
Le Verdon 36, 37, 46, 64
Vieille Ville, Bergerac 82, 83
Le vieux Bordeaux, Bordeaux 61, 65
Vieux-Boucou-les-Bains 33
Vieux Château, Bayonne 52, **53**
Villa Arnaga, Cambo-les-Bains 55
– Eugénie, Biarritz → »Grandhôtel du Palais«
– gallo-romaine, Valentine 15
Villandraut 36 f.
Ville d'été, Arcachon 47 f.
Ville d'hiver, Arcachon 48
Vitrac 43

Zitadelle, Blaye 37
Zitadelle, St-Jean-Pied-de-Port 55
Zitadelle St-Esprit, Bayonne → St-Esprit

Lieferbare Titel »Besser Reisen«

- Ägypten
- Algarve
- Amsterdam
- Andalusien
- Bali
- Barcelona
- Berlin
- Bodensee
- Bretagne
- Budapest
- Burgund
- Côte d'Azur
- DDR
- Elsaß
- Florida
- Französische Atlantikküste
- Gardasee und Umgebung
- Gran Canaria
- Hamburg
- Hongkong
- Ibiza · Formentera
- Ionische Inseln
- Irland
- Israel
- Istanbul
- Italienische Adria
- Jerusalem
- Kalifornien: Der Norden
- Kalifornien: Der Süden
- Kärnten
- Karibik/Große Antillen
- Kenia
- Köln · Bonn
- Korsika
- Kreta
- Kykladen
- Lanzarote · Fuerteventura
- Leningrad
- London
- Madrid
- Mailand
- Mallorca
- Malta
- Marokko
- Mexiko
- Moskau
- München
- Nepal
- New York
- Norwegen
- Oberbayern
- Paris
- Peloponnes
- Prag
- Provence
- Rhodos
- Rio de Janeiro
- Rom
- Salzburg
- Sardinien
- Schottland
- Schweden
- Straßburg
- Südtirol
- Sylt · Amrum · Föhr
- Teneriffa
- Thailand
- Toskana
- Türkei
- USA Ostküste
- Venedig
- Wien